DES IDÉES POUR LA CUISINE

du rustique à l'ultramoderne

Catalogage avant publication de
Bibliothèque et Archives Canada

Hillstrom, Susan Boyle

Des idées pour la cuisine : du rustique à l'ultramoderne

Traduction de : *Design Ideas for Kitchens*

1. Cuisines – Réfection.   2. Cuisines – Appareils et matériel.
3.   Décoration intérieure.   I. Samu, Mark.   II. Titre.

NK2117.K5H5614 2006   747.7'97   C2006-941730-X

DISTRIBUTEURS EXCLUSIFS :

• Pour le Canada et les États-Unis :
  MESSAGERIES ADP*
  955, rue Amherst
  Montréal, Québec H2L 3K4
  Tél. : (450) 640-1237
  Télécopieur : (450) 674-6237
  * division du Groupe Sogides inc.,
    filiale du Groupe Livre Quebecor Média inc.

Note de l'Éditeur : Avant d'entreprendre les travaux de bricolage et de rénovation
expliqués dans le présent ouvrage, il est important que vous preniez soin de vous
informer auprès de votre ville ou de votre municipalité de la réglementation concernant
ce genre de travaux, des lois du code régional et des restrictions s'appliquant
à votre localité. Il est aussi prudent que vous respectiez toutes les mesures
de sécurité prescrites dans ce livre et que vous fassiez appel aux conseils
et à la compétence d'un professionnel en cas de doute ou de difficulté.

Pour en savoir davantage sur nos publications,
visitez notre site : *www.edhomme.com*
Autres sites à visiter : www.edjour.com
www.edtypo.com • www.edvlb.com
www.edhexagone.com • www.edutilis.com

09-06

© 2005, Creative HOMEOWNER

Traduction française :
© 2006, Les Éditions de l'Homme,
une division du Groupe Sogides inc.,
filiale du Groupe Livre Quebecor Média inc.
(Montréal, Québec)

Tous droits réservés

L'ouvrage original a été publié
par Creative Homeowner,
division de Federal Marketing Corp.,
sous le titre *Design Ideas for Kitchens*

Dépôt légal : 2006
Bibliothèque et Archives nationales du Québec

ISBN 10 : 2-7619-2221-2
ISBN 13 : 978-2-7619-2221-0

Gouvernement du Québec – Programme de crédit d'impôt pour l'édition de livres –
Gestion SODEC – www.sodec.gouv.qc.ca

L'Éditeur bénéficie du soutien de la Société de développement des entreprises
culturelles du Québec pour son programme d'édition.

Nous reconnaissons l'aide financière du gouvernement du Canada par l'entremise du
Programme d'aide au développement de l'industrie de l'édition (PADIÉ) pour nos
activités d'édition.

Susan Boyle Hillstrom

Photos : Mark Samu

DES IDÉES POUR LA CUISINE

du rustique à l'ultramoderne

Traduit de l'américain par André Daoust

LES ÉDITIONS DE L'HOMME

Table

Introduction   7

CI-DESSUS : Le galbe et le fini superbes de ces robinets ajoutent au charme unique de la cuisine.

À DROITE : Une grande fenêtre permet à la lumière du jour d'envahir cette cuisine et rehausse le caractère architectural de la maison.

CI-DESSOUS : Une chape de hotte taillée sur mesure, inspirée du style des armoires voisines, dissimule le système d'évacuation des fumées.

Depuis l'époque lointaine où les membres du clan se pressaient autour du feu, à l'abri de leur caverne, pour se réchauffer et manger, l'endroit où l'on prépare la nourriture constitue le cœur de la maison. La cuisine moderne est devenue une merveille d'efficacité, mais elle garde toujours son attrait primitif. C'est l'endroit où les gens aiment se rassembler, l'endroit où l'on rencontre les autres – les membres de la famille, les amis, les voisins. Comme le disent les experts, la cuisine est un espace « multifonctionnel ». Bien plus qu'un laboratoire pour de nouvelles expériences gastronomiques, la cuisine sert désormais de salon, de salle à manger, de salle familiale et quelquefois même de bureau. La conception d'une cuisine est donc devenue une affaire complexe. Il ne suffit plus de déplacer quelques pierres dans la caverne.

Introduction

Il faut définir son style et jongler avec les armoires, les appareils ménagers, les surfaces de travail et l'éclairage pour créer un lieu qui réponde à ses aspirations en matière de gastronomie et de sociabilité, exprime ses sensibilités architecturales et respecte ses contraintes budgétaires. *Des idées pour la cuisine* a été écrit dans cette optique : c'est l'outil que vous voudrez garder à portée de main tout au long de la conception et de la planification de votre cuisine. Laissez-vous guider par les magnifiques images et la multitude d'informations pratiques qu'il contient et qui vous révéleront les plus récents produits et les dernières tendances en matière de cuisine et vous ouvriront tout un monde de possibilités nouvelles.

La cuisine est un lieu privilégié. Autrefois reléguée dans un coin sombre de la maison, elle est devenue de nos jours le point central où la famille et les amis aiment se réunir pour cuisiner, manger et se divertir. C'est également un espace d'invention. Bien sûr, on recherche toujours l'efficacité, mais la cuisine d'aujourd'hui doit aussi être belle. Avec un peu d'effort et l'aide éventuelle d'un professionnel, la cuisine – celle que vous construisez ou celle que vous rénovez – pourra devenir l'endroit de rêve que vous souhaitez : une pièce chaude et invitante où vous aurez du plaisir à préparer vos repas, où vous aimerez passer du temps avec votre famille et vos amis, planifier votre journée ou tout simplement vous détendre, en beauté.

D'abord un plan

▌ un espace de vie ▌

▌ agencements : cas de figure ▌

▌ îlots et péninsules ▌

▌ cuisines-vivoirs ▌

La cuisine de rêve contemporaine, c'est comme le cœur de la maison – on y trouve tout ce qu'il faut pour cuisiner, manger et se détendre. (Pour d'autres images de la cuisine présentée à gauche, veuillez tourner la page.)

points de vue

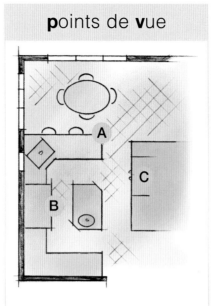

EN HAUT À GAUCHE : Cet espace multifonctionnel offre des dimensions globales généreuses, mais la zone de préparation des aliments est délimitée par une péninsule compacte et efficace qui sépare la zone de cuisson du coin repas.

AU CENTRE À GAUCHE : L'aire de travail est dominée par une cuisinière de type professionnel, très appréciée des connaisseurs. L'îlot offre de l'espace de travail supplémentaire et comporte un deuxième évier – qu'un collaborateur éventuel saura apprécier.

EN BAS À GAUCHE : Le micro-ondes et les rangements se trouvent à quelque distance de l'aire de travail, mais près de la table.

Un espace de vie

La réalisation de votre cuisine de rêve passe par une étape obligée de planification collective. Convoquez une conférence familiale au cours de laquelle vous essaierez de dégager une orientation générale et de cerner les besoins et les points de vue de chacun. Examinez d'abord la cuisine que vous avez en ce moment. Quelles en sont les qualités ? Les défauts ? Est-elle trop petite, trop sombre ? Y a-t-il suffisamment de rangement ? Que dire des appareils ménagers ? Sont-ils démodés, usés ? Les armoires vous ont-elles toujours fait horreur ?

Ensuite, tournez-vous vers l'avenir. Quel usage chaque membre de la famille fera-t-il de la nouvelle cuisine ? Est-ce que tout le monde mettra la main à la pâte ? Est-ce que les enfants y passeront du temps avec leurs amis ou y feront leurs devoirs ? Aurez-vous besoin d'un pôle cuisson, d'un espace planification, d'un coin repas ? Aimez-vous recevoir ? Quel niveau de proximité aimez-vous avoir avec vos invités ? Voulez-vous bavarder avec vos amis pendant que vous préparez la salade ou le soufflé ou souhaitez-vous au contraire entretenir le mystère ? Pensez-vous ouvrir votre cuisine sur les pièces adjacentes de la maison ou sur l'extérieur ?

Vous voulez une grande ou une petite cuisine ? Pourriez-vous agrandir votre cuisine actuelle en empiétant sur des espaces adjacents, ce qui vous éviterait des modifications structurelles coûteuses ? Votre budget vous permet-il d'ajouter une pièce à la maison ? Dans certains cas, un simple réaménagement de l'espace existant fera très bien l'affaire.

Votre conseil de famille vous aura permis d'acquérir une image claire de votre nouvelle cuisine. Reportez cette information sur papier, sous forme de plan sommaire. Que vous réalisiez le reste vous-même ou que vous fassiez appel à un professionnel, vous aurez accompli le premier pas dans la réalisation de votre rêve.

CI-DESSUS : Un îlot imposant – à la fois plan de travail et coin repas sans façon – joue le premier rôle dans cette cuisine aux lignes épurées.

À GAUCHE : Le pôle lavage est situé à angle droit de la cuisinière, **À DROITE,** qui compte deux plaques de cuisson distinctes.

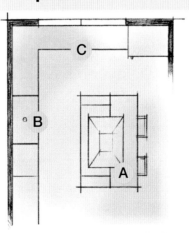

points de **v**ue

une **q**uadruple **v**ocation

L'îlot massif qui domine cet espace est une merveille de fonctionnalité et de polyvalence : c'est un coin repas qui comprend à la fois un évier, un micro-ondes intégré et des armoires. Les tabourets se rangent sous une superbe dalle en granit massif.

EN HAUT À GAUCHE : Tous les éléments d'une conception bien pensée se révèlent au premier coup d'œil dans cette belle cuisine, en commençant par une simplicité et une convivialité résolument modernes.

AU SOMMET : Cet espace offre de vastes rangements – étagères ouvertes, tiroirs et placards –, de formes diverses et commodes.

CI-DESSUS : L'abondance du rangement sous la dalle de service élimine le recours aux armoires murales, renforçant ainsi l'impression d'ouverture et de netteté.

À DROITE : À portée de main mais distante de l'aire de travail, la table étroite près de la porte héberge divers articles utilitaires : téléphone, clés, pichet, livres de cuisine, etc.

EN DESSOUS À DROITE : Une cuisine de belles dimensions, mais où l'espace est réparti en zones de travail serrées et efficaces.

CI-DESSOUS : Les comptoirs sont agencés de manière à offrir une grande surface de travail de part et d'autre de la cuisinière.

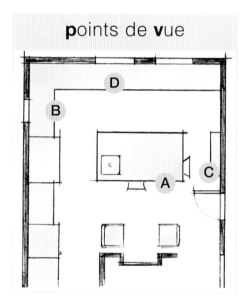

points de **v**ue

points de **v**ue

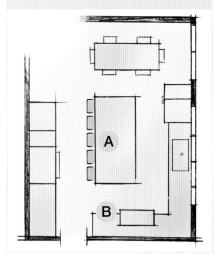

À DROITE : Dans cette spacieuse cuisine-vivoir, la famille et les amis peuvent casser la croûte autour de l'îlot central ou s'asseoir plus confortablement à la table installée au bout de la pièce.

CI-DESSOUS : Ici, la disposition en L des comptoirs est complétée par un vaste îlot, qui sert à la fois de surface de travail et de table à manger.

les **s**pécialistes de la **c**onception

La répartition des tâches

L'architecte conçoit, planifie et supervise les nouvelles constructions et les rénovations de grande envergure. Vous devrez faire appel à un architecte si la réalisation de votre cuisine exige l'ajout d'une nouvelle pièce ou un réaménagement en profondeur de l'espace cuisine existant.

Le cuisiniste agréé est un technicien rompu à tous les aspects de la conception des cuisines, depuis l'agencement général de l'espace jusqu'au choix des équipements et des matériaux, en passant par la plomberie et l'électricité. Avant de retenir les services d'un cuisiniste, assurez-vous toutefois que vos goûts concordent.

Le décorateur secondera le propriétaire dans le choix des matériaux et la création d'un milieu visuellement séduisant. Les décorateurs ne s'y entendent pas tous dans l'aménagement des cuisines ; il convient donc de vérifier d'abord la compétence des uns et des autres.

L'entrepreneur général travaille généralement à partir de plans dessinés par un autre professionnel. Il se charge d'obtenir les permis, de mettre les armoires et comptoirs en place, de superviser le travail des plombiers, électriciens, etc. Certains se spécialisent dans la construction des cuisines et travaillent en collaboration avec les cuisinistes et décorateurs.

CI-DESSUS : Aménagée pour répondre aux besoins d'une famille occupée et sociable, cette pièce met de l'avant un espace de travail bien pensé, des sièges confortables pour accueillir les invités, une télé pour les petits et un cellier réfrigéré pour les grands.

À GAUCHE : Cet appareil de type commercial ne craint pas le gros ouvrage. L'îlot installé face à l'appareil protège le cuisinier du va-et-vient de la maisonnée.

points de vue

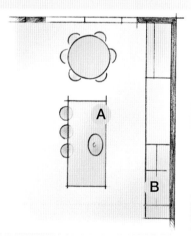

Agencements : cas de figure

La taille de votre nouvelle cuisine dépendra en définitive de l'espace disponible et du budget que vous comptez y consacrer. Vous pourrez à coup sûr réaliser un agencement efficace, quel que soit l'espace dont vous disposez, si vous appliquez la méthode du triangle, comme suit : la cuisinière, le réfrigérateur et l'évier doivent être disposés de manière à occuper les trois pointes d'un triangle et ne pas se trouver distants l'un de l'autre de moins de 4 pieds et de plus de 9 pieds. Une distance moindre vous fera vous sentir à l'étroit et une distance plus grande vous fera perdre temps et énergie. Dans le passé, les cuisinistes considéraient que la méthode du triangle donnait toujours les meilleurs résultats. Avec l'introduction du concept de multifonctionnalité, de nouvelles configurations s'imposent où l'on retrouve deux zones de travail ou plus. Finalement, il vous appartiendra de déterminer l'agencement qui convient le mieux à l'espace disponible et aux usages que vous souhaitez en faire.

Dans une cuisine linéaire (en i), les armoires,

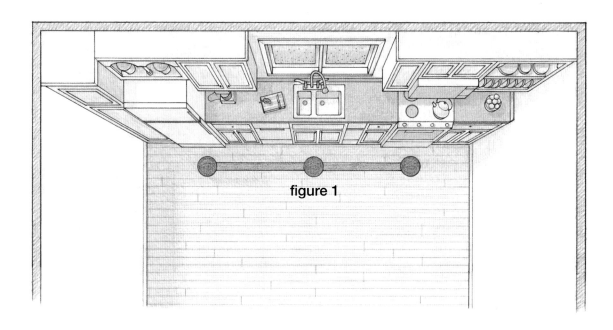

figure 1

comptoirs et appareils ménagers sont tous adossés au même mur

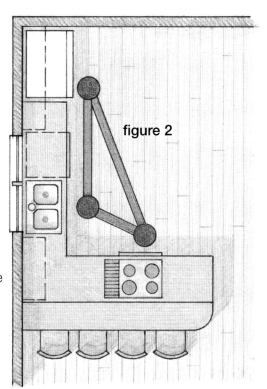

figure 2

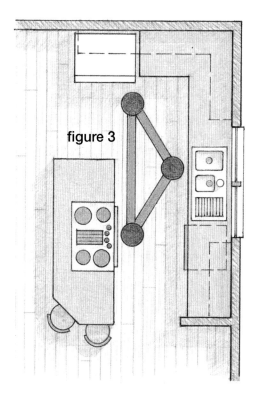

figure 3

PAGE PRÉCÉDENTE : Dans cet agencement, la plus grande partie de la cuisine est adossée à un seul mur, mais l'ajout d'un pôle lavage du côté intérieur du comptoir casse-croûte devrait s'avérer fort pratique.

FIGURE 1 : Exemple d'agencement linéaire typique.

FIGURE 2 : L'ajout d'une péninsule et l'extension d'un alignement d'armoires donne une configuration en L plus efficace.

FIGURE 3 : Si l'espace le permet, on pourra doter l'îlot d'une plaque de cuisson.

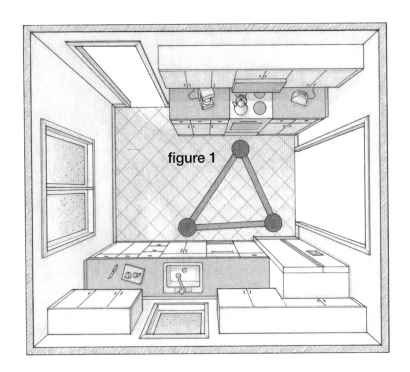

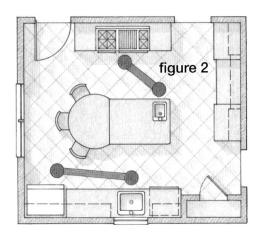

La répartition des espaces dans une cuisine en double i

À DROITE : Dans une cuisine en double i, les armoires, comptoirs et appareils ménagers sont disposés en vis-à-vis, sur des murs opposés. Les dimensions modestes de l'espace ne nuiront pas à l'efficacité de l'ensemble pourvu que les éléments essentiels soient tous à portée de main.

FIGURE 1 : Agencement en double i typique.

FIGURE 2 : Si l'espace disponible le permet, on pourra créer une zone de travail ou un coin repas secondaire sur un îlot central.

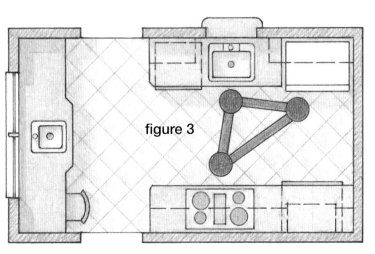

figure 3

CI-DESSUS : Un agencement judicieux aura dégagé l'espace nécessaire pour une élégante salle à manger adjacente.

FIGURE 3 : Si l'architecture des lieux le permet, on aménagera les entrées de la cuisine à l'écart de la zone de travail.

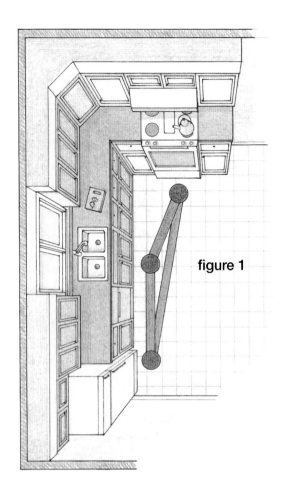

figure 1

Une disposition en L permet d'accroître l'espace de comptoirs

FIGURE 1 :
Agencement en L
typique.

FIGURE 2 :
L'implantation
d'un îlot convexe
posé en diagonale
par rapport au L
ouvre de nouvelles
possibilités pour le
triangle de travail.

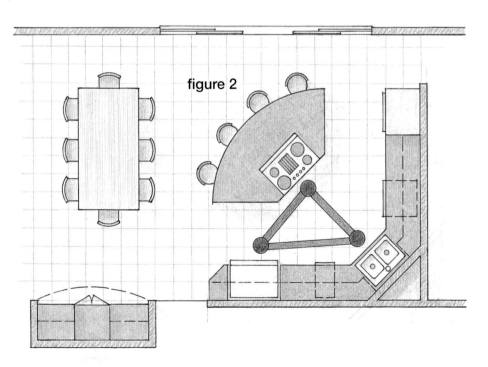

figure 2

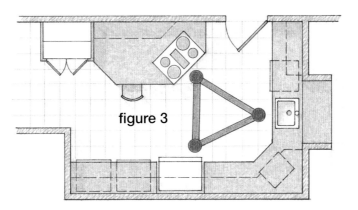

FIGURE 3 :
En disposant
la cuisinière en
angle par rapport
au L, on élimine
le risque de chocs
contre la porte du
four lorsque celle-ci
est ouverte.

figure 3

CI-DESSUS :
Dans ce vaste espace
de cuisine-salle à
manger, l'îlot en L crée
une barrière naturelle
qui freine les incursions
des invités dans la zone
de travail.

À DROITE :
Cette disposition
des comptoirs adossés
à deux murs
perpendiculaires laisse
assez d'espace pour
permettre à deux
passionnés de la cuisine
d'exercer leur art sans
se nuire.

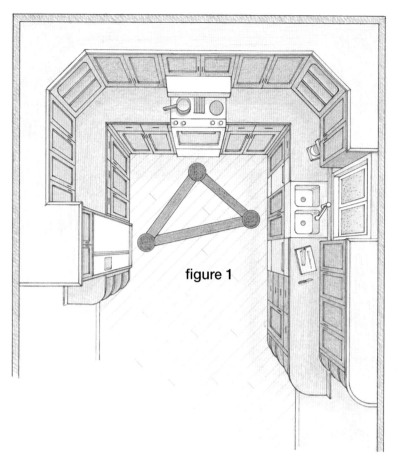

figure 1

CI-HAUT ET À GAUCHE : Voici une configuration classique très prisée des experts cuisinistes qui offre de multiples plans de travail et tout l'espace voulu pour deux cuisiniers.

PAGE SUIVANTE EN HAUT : Une partie de l'espace mural est occupée par des fours et des rangements d'appoint.

FIGURE 1 : Agencement en U typique.

FIGURE 2 : Cette cuisine aux dimensions généreuses comporte plusieurs triangles de travail.

FIGURE 3 : Exemple de cuisine-vivoir en forme de U.

Les agencements en U offrent une grande efficacité

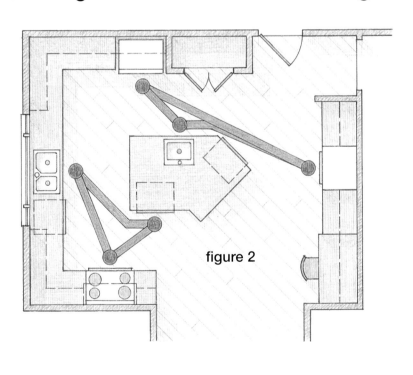

figure 2

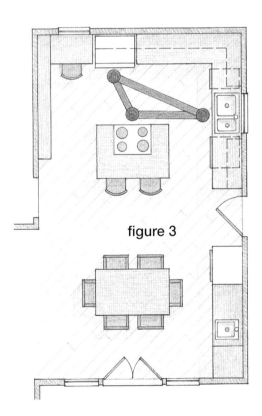

figure 3

L'agencement en G : un U qui se prolonge

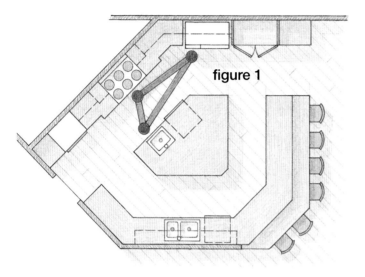

figure 1

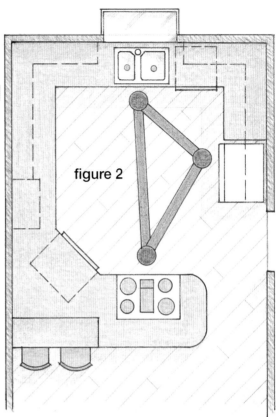

figure 2

FIGURE 1 : Une implantation en G de bonnes proportions permet à deux cuisiniers d'évoluer à leur aise en mettant à profit les vastes surfaces de travail mises à leur disposition.

FIGURE 2 : L'agencement en G est en fait un U auquel on a greffé une rallonge, appelée péninsule ou épi.

PAGE PRÉCÉDENTE : Dans cette configuration, les fours sont séparés de la plaque de cuisson.

À DROITE : Entourée par les bras chaleureux du G, tout en restant ouverte aux espaces de vie qui l'entourent, cette cuisine transpire la convivialité.

Îlots et péninsules

CI-DESSUS : Cette superbe péninsule revêtue de granit peut facilement accueillir quatre convives.

CI-DESSUS : Un îlot surdimensionné qui se prête à tous les raffinements du service de la table.

CI-DESSUS : Cet îlot trace une frontière invisible entre la cuisine et les zones adjacentes.

Délimitez votre

CI-DESSUS : Même un îlot de dimensions modestes peut faire la différence. Ici, un îlot ajouté à une cuisine en L procure un supplément d'espace de travail et de rangement.

Une idée géniale

Une rallonge pratique

Une rallonge en surplomb d'environ 12 po permet de faire bon usage d'un espace de comptoir restreint. Dans le cas présent, le cuisinier pourra s'en servir pour lire ses recettes ou tout simplement siroter son thé ou son café.

domaine de travail et protégez-le des allées et venues de la maisonnée

Aucun agencement de cuisine n'étant parfait, vous voudrez peut-être compléter votre environnement en y implantant un îlot ou une péninsule. Les îlots se prêtent à de multiples usages : ils augmentent l'espace de comptoir, accueillent au besoin une plaque de cuisson ou un évier d'appoint, procurent du rangement supplémentaire ou se transforment en coin repas pour gens pressés. Les péninsules remplissent les mêmes fonctions et sont souvent aboutées à une cuisine en U pour en faire… une cuisine en G. Dotées d'armoires accessibles depuis l'intérieur et l'extérieur de la zone de travail, les péninsules constituent un atout précieux dans les cuisines achalandées.

À GAUCHE : Cet îlot à deux niveaux comporte un comptoir haut pour le service et une surface en contrebas pour apprêter les aliments.

À DROITE : Un imposant bloc de boucher fait ici office d'îlot original.

PAGE SUIVANTE EN HAUT : Deux styles différents, même utilisation astucieuse d'un élément multifonctionnel.

D'un lieu

À DROITE : L'îlot à deux niveaux qui trône au milieu de cette élégante cuisine affiche une délicatesse de finition qui s'harmonise parfaitement avec les armoires blanches de style traditionnel.

PAGE SUIVANTE EN BAS : Ajout judicieux à une cuisine de style champêtre, cet îlot imite un ancien coffre à tartes.

Une idée géniale

Des roulettes

Que pensez-vous d'un îlot mobile, qu'on peut déplacer d'un poste de travail à l'autre ou utiliser comme table d'appoint ? Il suffit de trouver un îlot doté de roulettes verrouillables ou d'en ajouter au meuble que vous possédez déjà, et le tour est joué !

terne et discordant, faites un intérieur lumineux et élégant

À GAUCHE : Un large couloir entre l'îlot et les appareils de cuisson permet à deux cuisiniers d'évoluer à leur aise.

EN BAS À GAUCHE : Un îlot vraiment polyvalent, doté d'un pupitre en avant-plan pour régler les affaires pressantes.

EN BAS AU CENTRE : Dans une aire ouverte, l'aménagement d'un dosseret permet de dissimuler l'empilement des casseroles sur le poêle voisin.

EN BAS À DROITE : Une imposante hotte domine une plaque de cuisson montée en îlot.

PAGE SUIVANTE : Ce pôle cuisson aménagé en îlot comporte un deuxième évier et un lave-vaisselle pour plus de commodité.

Enfin ! de l'espace pour travailler et ranger

**Une
idée géniale**

Un support
à casseroles

Suspendues au-dessus
d'un îlot dans un beau
désordre, ces
casseroles rehaussent
superbement
la pièce.

Cuisines-vivoirs

Voici un scénario de plus en plus fréquent de nos jours : le maître de « céans » mijote un petit festin avec adresse et amour – tandis qu'il bavarde joyeusement avec la famille et les amis qui l'observent, bien calés dans leur fauteuil ou leur chaise –, puis, la dernière casserole sortie du feu, il vient rejoindre ses convives et les invite à faire honneur à sa table, qui se trouve dans la même pièce. C'est un rêve qui peut se matérialiser de nombreuses façons, même dans une cuisine de taille modeste.

Si votre nouvelle cuisine est de bonnes dimensions, il vous suffira d'ajouter une table à manger quelque part dans la pièce, en laissant suffisamment de dégagement autour de l'aire de travail. Dans une pièce plus petite, vous pouvez aménager une banquette le long d'un mur ou dans un enfoncement de celui-ci. Les banquettes dont il est ici question sont en fait des bancs – généralement rembourrés pour plus de confort – disposés le long d'un ou de deux murs et qui font face à la table. L'espace pour cet aménagement peut souvent être pris sur la cuisine, mais le coin repas ainsi délimité ne peut généralement accueillir plus de quatre personnes. Les îlots et les péninsules ne conviendront qu'aux casse-croûte et aux repas éclair, leur confort minimum ne permettant pas qu'on s'y attarde.

PAGE PRÉCÉDENTE EN HAUT : Une table ronde aux lignes épurées et ses chaises assorties s'harmonisent tout à fait avec le style contemporain de la cuisine adjacente.

PAGE PRÉCÉDENTE EN BAS : Un coin ensoleillé sous une fenêtre est l'endroit idéal pour une banquette de faible encombrement.

CI-DESSUS : Une vieille table en bois posée à distance de l'aire de travail s'inscrit parfaitement dans cette cuisine spacieuse à l'allure champêtre.

EN HAUT À DROITE : Vous pensiez que votre cuisine était trop petite pour recevoir une table ? Regardez bien. Peut-être pourriez-vous lui trouver un petit coin accueillant – et s'il est ensoleillé comme celui-ci, ce sera encore mieux !

À DROITE : Une table en bois et des chaises à dossier en rotin ajoutent de la chaleur et de la texture à cette belle cuisine-vivoir d'un blanc immaculé.

Une idée géniale

La voilà, la solution

Une table gigogne dissimulée derrière un faux panneau de tiroir : c'est peut-être la solution que vous recherchiez pour faire entrer une table dans un espace restreint.

EN HAUT À GAUCHE : Une table gigogne extraite du comptoir d'une cuisinette de ville procurera tout l'espace qu'il faut pour d'intimes dîners à deux.

À GAUCHE : Une planification soignée a permis d'aménager deux espaces repas dans cette cuisine compacte : l'îlot pour les déjeuners et casse-croûte, la belle table en bois pour les grands dîners et les fêtes.

PAGE SUIVANTE : Placée tout près d'une porte qui s'ouvre sur une terrasse, cette élégante table de cuisine bénéficie de la lumière du jour et de la vue du jardin.

les trois règles à respecter dans les cuisines-vivoirs

▌ **Cachez le désordre** – Vos invités apprécient vraiment votre cuisine, mais ils n'ont que faire de l'amoncellement de chaudrons et de casseroles souillés que vous laissez derrière. Si votre table se trouve à proximité de la zone de préparation des repas, vous pouvez dissimuler le désordre au moyen d'un îlot à hauteur de bar (42 po) du côté de la table et à hauteur de comptoir (36 po) du côté de la cuisine.

▌ **Coupez les bruits** – Vos invités trouveront sans doute sympathique de prendre un repas sans façon dans votre cuisine-vivoir, mais ils apprécieront moins le raffut des appareils ménagers qui viennent noyer la conversation. À cet égard, le lave-vaisselle est le pire ennemi de l'hôte prévenant. Prenez l'habitude de remettre le lavage après le repas ou, mieux encore, investissez dans un appareil ultra-silencieux…

▌ **Tamisez la lumière** – Efforcez-vous de créer une atmosphère agréable. « Dans ma cuisine, commente le designer new-yorkais Rick Shaver, la table est éclairée, mais je laisse toujours l'éclairage indirect sous les armoires au cas où j'aurais besoin de retourner à mes fourneaux. »

Faites de la place pour la table et vous donnerez une vie nouvelle à votre foyer

nutile d'espérer que la gaieté s'installe dans votre cuisine-vivoir si vous ne prévoyez pas suffisamment de place pour la table, les chaises et… les convives. De manière empirique, il faut compter de 12 à 15 pi^2 par personne pour créer un environnement confortable à table. Pour quatre adultes, il faut donc prévoir 48 pi^2, 72 pi^2 pour six. Ensuite, assurez-vous qu'il y a suffisamment de dégagement – 36 po est idéal – entre la table et le mur derrière, de façon que les convives puissent s'asseoir et se redresser sans être gênés dans leurs mouvements. Sur la table, prévoyez de 21 à 24 po entre chaque assiette. Une table ronde qui fait 36 po de diamètre peut accueillir quatre personnes, elle pourra en accueillir six si elle fait 48 po. La même règle s'applique si vous utilisez un îlot ou une péninsule comme table.

PAGE PRÉCÉDENTE EN HAUT : Un îlot polygonal central allège l'aspect rectiligne trop strict de cette grande cuisine.

PAGE PRÉCÉDENTE EN BAS : Les boiseries patinées qui décorent cette cuisine et l'espace repas tout proche créent une ambiance invitante.

À DROITE : La table en verre s'inscrit à merveille dans cette cuisine de banlieue aux lignes épurées.

CI-DESSOUS : Un agencement chaleureux qui incitera les convives à bavarder avec l'hôte cuisinier avant de faire honneur à sa table.

Vous avez pris un certain nombre de décisions importantes concernant votre cuisine qui visent essentiellement à en faire un lieu plus invitant et plaisant à voir. Mais quelle allure souhaitez-vous lui imprimer ? Un air plutôt traditionnel, peut-être même rustique, ou au contraire un style résolument contemporain ? La réponse dépendra largement de l'apparence intérieure et extérieure de votre maison. Si l'architecture de l'immeuble est classique, un style traditionnel formel devrait convenir. Le style rustique est tout à fait indiqué pour les gens qui recherchent une ambiance décontractée. Le style contemporain aura votre préférence si vous aimez les lignes épurées où les équipements s'intègrent discrètement au mobilier.

Ensuite un style

▌ traditionnel ▌

▌ rustique ▌

▌ contemporain ▌

Un choix audacieux de couleurs et une allure fluide caractérisent cette cuisine moderne de style rétro. Des surfaces vert pomme très visibles, combinées à des accents bleu turquoise, donnent un cachet unique à l'ensemble.

Parvenu à l'étape de la mise en œuvre du style choisi, vous vous rendrez compte que ce sont les armoires qui donnent le ton. Dans une cuisine de style traditionnel où l'on recherche élégance et grâce dans un cadre quelque peu formel, les armoires seront généralement confectionnées dans des bois riches et patinés – souvent du merisier ou de l'acajou ou un bois teinté pour en donner l'apparence. On trouve aussi des armoires peintes en blanc ou en ivoire, mais la caractéristique première à rechercher est un fini riche et brillant et une confection de qualité. Pour les portes d'armoire, on choisira une finition en relief et des détails d'exécution comme des moulures couronnées et

Traditionnel

autres ouvrages de menuiserie. Les dessus de comptoirs, généralement constitués d'une plaque de pierre polie – granit ou marbre – ou d'un matériau d'imitation – comme un stratifié de plastique ou une pierre de synthèse – peuvent aussi comporter des détails de finition élaborés, comme des nez arrondis ou des bords biseautés. Un comptoir de couleur vert sombre, gris foncé ou carrément noir ajoutent du cachet, de même que des planchers en bois ou un damier classique noir et blanc en carreaux de vinyle ou de céramique. En définitive, la popularité du traditionnel s'explique par son caractère intemporel, qui le rend insensible aux effets de mode.

À GAUCHE : De facture formelle, tout en restant conviviale, cette cuisine de style américain traditionnel allie des boiseries claires, des comptoirs en granit de couleur pâle et beaucoup de soleil. Le lustre s'inscrit parfaitement dans le reste du décor.

PAGE PRÉCÉDENTE EN BAS : Pour préserver le caractère traditionnel de l'ensemble, la façade du réfrigérateur à compartiments juxtaposés est dissimulée par des panneaux pleine largeur faits sur mesure et qui s'harmonisent avec les armoires.

EN DESSOUS À GAUCHE : Des chaises à dossier incurvé et un vaisselier à la menuiserie finement détaillée rehaussent l'espace repas. La trame élégante des meneaux ajoute une touche délicate aux portes patio.

À DROITE : L'allure typiquement américaine de cette pièce est soulignée par le dosseret de carreaux noirs et blancs et les armoires aux chaudes tonalités miel.

Une idée géniale

Un coin café

Ce petit coin héberge une belle machine à expressos posée sur une élégante plaque en granit qui ne craint pas la chaleur.

Une touche du Sud

CI-DESSUS : Un îlot de dimensions généreuses invite la famille et les amis à se regrouper devant l'âtre.

À GAUCHE : Des tiroirs et des placards de toutes dimensions, pour tout ranger.

CI-DESSOUS : Un mariage réussi entre des armoires en pin toutes simples, d'inspiration méridionale, et une menuiserie élégante : moulures couronnées, pieds en bois tourné et pilastres cannelés et sculptés façon câble.

Une idée géniale

Des détails qui parlent

Les moulures couronnées et autres détails de menuiserie donnent tout leur charme aux cuisines traditionnelles.

Un petit accent français

CI-DESSUS : Des armoires droites enjolivées d'élégants motifs de menuiserie et d'une belle quincaillerie en laiton plantent le décor de cette cuisine traditionnelle qui s'ouvre sur un magnifique jardin grâce à une immense fenêtre en encorbellement. La devanture en cuivre martelé du bandeau de l'évier confère un petit accent français à cet ensemble de facture classique.

À GAUCHE : Une subtile combinaison d'éléments met en évidence le caractère traditionnel français de cette cuisine : les armoires peintes en blanc, la céramique colorée, les tabourets de cuisine en rotin et l'évier et les ustensiles en cuivre.

Une évocation de la Toscane

AU SOMMET : Les matériaux nature et les couleurs terroir de cette pièce trahissent son inspiration toscane.

AU-DESSUS À GAUCHE : L'allure quelque peu hétéroclite de l'ensemble est caractéristique du style. Ici, on a délibérément réuni des armoires et des meubles de type rustique, aux styles divers, qu'on a peints dans des couleurs différentes.

AU-DESSUS À DROITE : Cette salle à manger éclate de couleurs et de textures dans son plafond en bois, ses murs couleur vert olive et ses chaises rouge vin, le tout couronné par un lustre original en fer forgé.

À DROITE : Les armoires sont légèrement « vieillies » pour accentuer l'allure rustique.

PAGE SUIVANTE À DROITE : Des arches et d'autres motifs classiques rehaussent l'atmosphère « vieux pays » de la pièce. Un immense îlot offre plein de rangement supplémentaire.

des **c**outumes **s**ans **â**ge

Qu'est-ce qui est plus européen qu'un cappuccino bien corsé surmonté d'un col épais de mousse blanche ? Et qu'est-ce qui sied le mieux à une cuisine d'inspiration « vieux pays » qu'un poste café ? Celui qu'on voit à droite a été enchâssé dans une enfilade d'armoires dotées de portes coulissantes. Et qu'est-ce qui contribue le mieux à créer une atmosphère « vieux pays » – à part bien sûr la machine à expressos ? En fait, c'est le jeu de tout un mélange d'influences – du français et de l'italien, mais aussi un peu de grec et du classicisme romain –, rien qui semble neuf, rien qui brille ! L'ensemble dégage une impression de confort et de durée et se caractérise par la diversité des textures et la richesse des couleurs que lui donne la diversité des matériaux : du calcaire austère ou du marbre poli, des carreaux de céramique, des bois patinés par le temps et divers éléments disparates collectionnés avec amour au fil des ans.

Certains cuisinistes et autres experts vous diront que le style rustique ou champêtre nous attire parce que ce type de décor nous rappelle la chaleur de la cuisine de grand-maman, ou évoque le romantisme des vivoirs d'autrefois, ou encore nous ramène à une époque où la vie était plus simple, plus conviviale. Quoi qu'il en soit, le rustique demeure extrêmement populaire et les possibilités d'expression personnelle n'y manquent pas. Informel et décontracté, ce genre s'accorde parfaitement à un style de vie simple. Et parce qu'il admet volontiers l'usure et la fatigue des choses, il convient aux familles actives qui font un usage intensif de l'espace intérieur. La cuisine rustique se construit bien sûr autour d'armoires en bois – lequel pourra avoir été teint d'une couleur naturelle, décapé, blanchi ou encore peint d'une couleur gaie. Il n'est pas question ici d'élégance ni de fluidité des lignes. On admettra donc volontiers des armoires disparates, des meubles hétéroclites ou des étagères ouvertes remplies d'assiettes. Pour les planchers, on choisira idéalement le bois, mais des revêtements simples en vinyle ou en carreaux de céramique conviennent également. Pour les dessus de comptoirs, toutes les solutions – ou presque – feront l'affaire, mais on accordera la préférence aux matériaux bruts qui rappellent la terre, comme la pierre ou les carreaux de céramique rustiques.

Rustique

C'est un concept qui se conjugue à toutes les modes – rustique anglais, cottage, victorien, Arts & Crafts, et bien d'autres. Si vous aimez les cuisines campagnardes, l'une des variations illustrées dans les pages qui suivent devrait vous plaire. La cuisine ci-contre présente la nouvelle version du rustique américain, un style qui a évolué et qui est caractérisé par des lignes épurées et une plus grande sobriété que sa version originale.

À DROITE : Le rustique est ici porté à un niveau de raffinement inégalé. Des armoires aux lignes fuyantes et de superbes comptoirs en granit se marient à merveille avec une combinaison libre de bois et de quincaillerie, dans un cadre d'inspiration sudiste toujours charmeur.

AU SOMMET : Dans l'esprit convivial associé au rustique, la cuisine s'ouvre sur une invitante salle à manger familiale.

CI-DESSUS : Même une version épurée du style rustique n'interdit pas l'expression personnelle. Ici, des livres de recettes, des photos de famille et des reproductions encadrées occupent un coin de la pièce.

À DROITE : Une fenêtre intérieure s'ouvre sur une véranda fermée et sert de passe-plats pour des collations servies sans façon.

le rustique a plusieurs visages,

PAGE PRÉCÉDENTE EN HAUT : Voici de quoi inspirer les amateurs de cabanes en rondins et de plein air. Les chaudes tonalités des armoires de bois incitent à la détente, tandis que la vaste fenêtre cintrée révèle la présence toute proche de la forêt. À noter les belles décorations Arts & Crafts sur la fenêtre, ainsi que la lampe suspendue.

PAGE PRÉCÉDENTE EN BAS : Un immense arc en pierres des champs enserre le coin cuisson et évoque le décor d'un pavillon de chasse dans les bois.

PAGE PRÉCÉDENTE EN BAS À DROITE : En plus d'offrir une vaste surface de travail et beaucoup de rangement supplémentaire, l'imposant îlot en bois de style rustique constitue un élément décoratif central de la cuisine. Le plancher de bois se marie parfaitement à l'ensemble.

À GAUCHE : Cette cuisine se distingue surtout par l'utilisation généralisée de bois au fini patiné. Le bloc à découper qui trône au milieu de l'espace cuisine contient un deuxième évier qui permet à deux personnes de travailler ensemble à la préparation des repas.

le style cottage

Heureux croisement entre le style rustique anglais et le genre victorien, le style cottage admet toutes les variantes, du rustique au sophistiqué. L'exemple présenté ici appartient indubitablement à la catégorie sophistiquée, mais tous les éléments de base du genre y sont représentés – armoires en bois peint, dosseret en planches à baguette, casier à assiettes et armoires à porte vitrée. D'autres variantes pourront comporter des armoires colorées, désassorties et au fini usé, ou des meubles et accessoires de style ancien.

depuis la maisonnette rudimentaire jusqu'au cottage tout confort

À GAUCHE : Des armoires simples d'apparence artisanale et le charme des poutres et chevrons apparents contribuent à renforcer l'aspect rural de cette cuisine champêtre.

CI-DESSOUS À GAUCHE : La robinetterie d'époque rappelle les pompes utilisées anciennement pour amener l'eau dans les éviers des cuisines… une forme inusitée qui devient très pratique lorsqu'on veut remplir des casseroles profondes.

CI-DESSOUS À DROITE : Cette cuisine serait incomplète sans une table à manger qui réunit toute la famille à l'heure des repas et qui est ici posée en îlot central servant également de surface de préparation des aliments.

Champêtre américain contre…

une **a**pparence **h**abitée

Le style rustique anglais ne tire pas son inspiration des résidences cossues de la campagne anglaise, mais plutôt des maisons et pavillons modestes habités avec bonheur par des gens simples pendant des générations et où s'empilaient les mobiliers et accessoires d'usage courant dans un joyeux désordre. Pour recréer la même ambiance chaleureuse, vous choisirez des armoires qui présentent une apparence d'usure et des éléments comme des porte-assiettes, des niches et des portes vitrées. Pour les planchers, le bois ou des carreaux au fini mat conviendront parfaitement. Le dessus des comptoirs sera en pierre naturelle, en pierre de synthèse ou en bois – tout matériau qui ne semble pas neuf ou brillant. L'effet recherché est l'apparence d'une cuisine des « vieux pays », mais avec des couleurs plus légères, le tout étant complété – autant que possible – par une collection personnelle de porcelaine anglaise.

rustique anglais

CI-DESSUS : Des armoires disposées selon un plan complexe sont une caractéristique certaine du rustique anglais, de même que la chaude couleur crème des meubles au fini patiné par le temps.

À DROITE : Cette cuisine tire une grande partie de son charme des tissus et des porcelaines de prix qu'un collectionneur averti aura rassemblés au fil des ans.

À DROITE Cet agencement « vieux pays » est une alternative intéressante au rustique américain et se caractérise par des couleurs plus près de la terre, une présence accrue de la pierre, des armoires qui font penser aux empilements disparates de vieux meubles et des finis patinés par le temps.

CI-DESSOUS Cette superbe pièce en encorbellement décorée par un banc en bois d'allure rustique et de hautes fenêtres à battants est un bel exemple d'inspiration « vieux pays ».

Le style « vieux pays »

Une idée géniale

Une niche dans l'âtre

Décorative et pratique, cette niche pourra héberger les épices et les huiles d'infusion.

PAGE PRÉCÉDENTE Ce sont les détails qui font la différence. Une grande fenêtre cintrée, des carreaux de céramique de fabrication italienne pour couvrir le dosseret et des robinets et ferrures finis mat suffisent pour rappeler une autre époque et un autre lieu.

À DROITE De larges couloirs entre l'îlot central et les aires de travail permettent à plusieurs « chefs » de circuler à leur aise dans cette confortable cuisine familiale.

CI-DESSUS:
Des appareils et
des appliques Au
Courant complètent
le décor de
la cuisine.

À GAUCHE: En
matière de styles, il y
a à peu près de tout
dans cette cuisine,
depuis les colonnes
classiques jusqu'à
une collection kitsch
de boîtes de biscuits
anciennes.
Combinés par une
main sûre, tous ces
éléments ont trouvé
une harmonie
certaine.

pot-pourri

La réalisation d'une cuisine de type éclectique
est une affaire personnelle. Dans ce type de cuisine, le
concepteur réunit des éléments provenant d'époques et de
styles différents: son défi consistera à rendre ces éléments
visuellement cohérents. Ce n'est pas toujours évident, mais le
conseil qui suit du designer Rick Shaver, de Shaver-Melahn
de New York, pourrait s'avérer utile. « Il faut trouver un fil
conducteur – la couleur, la texture, un détail du cadre
architectural, peut-être même des objets de collection »,
commente M. Shaver, qui dessine des intérieurs aussi bien
que des meubles. La cuisine présentée ici s'appuie sur un
détail architectural pour réunir tous ces éléments disparates.
Dans d'autres cas, ce pourrait être un thème, par exemple
une collection d'objets bien typés, comme des bols, des
ustensiles de cuisine ou des articles en porcelaine.

L'éclectisme :
un heureux mélange

CI-DESSUS : Une imposante et originale batterie d'armoires hautes peintes en noir – qui fait penser à d'anciennes armoires à porcelaine – s'intègre parfaitement au décor.

CI-DESSUS À DROITE : Une rangée de fenêtres sous les armoires fait office de dosseret et éclaire la surface de travail pendant le jour, tandis que les lampes des armoires prennent la relève à la tombée de la nuit.

À DROITE : Des éléments relevant de plusieurs époques et styles – y compris un mobilier de cuisine du milieu du siècle – cohabitent et donnent à la pièce une vivacité unique.

CI-DESSUS : Cette cuisine rénovée dans le style contemporain présente un aspect épuré, tout en conservant un certain relief. Le velouté du bois teint des armoires, le galbe de l'îlot central à deux niveaux et les courbes gracieuses du dossier des chaises adoucissent le caractère géométrique des lieux.

À GAUCHE : En accord avec la façon contemporaine, les armoires ne présentent aucun motif décoratif, à part les ferrures curvilignes en acier brossé et les portes en verre.

PAGE SUIVANTE : Les dessus de comptoir en matériaux naturels – comme le granit utilisé ici – sont une marque distinctive des cuisines contemporaines. Les bords de comptoir sont généralement finis de façon très simple, avec un nez arrondi ou coupés à angle droit, sans biseau.

Le style contemporain a vu le jour à la fin du XIXe siècle quand des artistes, des architectes et des concepteurs ont dénoncé les décors encombrés et tarabiscotés qui avaient caractérisé la plus grande partie de l'époque victorienne, proposant à la place des lignes simples, droites, et l'utilisation de matériaux naturels. Le style, en évoluant, continua de mettre l'accent sur les matériaux naturels et adopta des lignes de plus en plus épurées. Dans les années 1970 et 1980, avec la montée en force des technologies nouvelles, une allure « high-tech » s'imposa dans de nombreuses cuisines. Ces compositions présentaient une allure fluide et des contours nets, elles s'articulaient dans des tons neutres d'inox, de pierre et de verre ; à la limite, elles pouvaient ressembler à des laboratoires. Le style contemporain – celui qui se pratique de nos jours – reste sobre, mais il s'est considérablement adouci.

Contemporain

Le noyau central de la cuisine contemporaine est constitué d'armoires sans cadre fermées par des panneaux plats aux lignes épurées et dotées de ferrures simples. On préfère les finis en bois de couleur pâle, notamment l'érable, le merisier et le bouleau. Les portes sont en verre ou en métal – souvent en aluminium – parce qu'elles s'harmonisent bien avec les appareils modernes au style fluide. Les comptoirs de travail sont surtout constitués de matériaux naturels – notamment la pierre, la céramique et le béton – ou de matériaux de synthèse. Ce style est également influencé par le rétro moderne ou le moderne des années 1950, qu'on retrouve aussi dans le mobilier de maison. Les lignes élancées et l'allure industrielle des années 1950-1970 ne plaisent pas à tous, mais elles restent populaires.

Le rétro moderne

CI-DESSUS : Des rappels des années 1950 – comme les chaises en plastique à dossier cintré et l'emploi abondant de la couleur chartreuse – permettent de classer cette configuration dans la catégorie rétro-chic.

À GAUCHE : Un mélangeur de couleur turquoise de style rétro en vogue dans les années 1950 est tout à fait à son aise dans cette cuisine.

À DROITE : Les couleurs vives des murs, du comptoir et des carreaux en céramique du dosseret font contraste avec les armoires et leurs très belles poignées en métal brossé de style contemporain.

retour sur un passé récent

Style décoratif qui s'inspire des modes en vigueur au milieu du xxᵉ siècle, le rétro moderne est une illustration du genre contemporain. La mode rétro-chic n'exige pas qu'on copie intégralement le style d'époque ; il suffit qu'on y incorpore un certain nombre de détails marquants. Par exemple, pour donner à votre cuisine une allure des années 1950, vous pouvez ajouter divers détails d'époque autour de la table à manger – comme des tabourets en chrome dotés de sièges en cuir rouge ou des comptoirs en stratifié décoré de motifs anciens de boomerangs. Plusieurs fabricants d'appareils ménagers proposent également des équipements de style rétro.

Si vous aimez les intérieurs contemporains mais craignez qu'une cuisine conçue dans ce style donne une impression de froideur clinique, détrompez-vous! La cuisine contemporaine a évolué au cours des dernières décennies et l'allure de laboratoire « high-tech » est chose du passé et a été remplacée par une version plus chaude et conviviale. Les cuisines créées dans le style contemporain d'aujourd'hui sont toujours simples, dépouillées et dotées de la plus récente technologie, mais le retour au bois pour les armoires et une utilisation plus judicieuse des couleurs les rend aussi séduisantes et invitantes qu'une cuisine conçue dans le style traditionnel ou rustique. Regardez de près les images présentées ici : vous y verrez l'influence du bois et d'autres éléments conviviaux dans ces espaces d'avant-garde qui affichent néanmoins une touche très personnalisée.

Une brise chaude sur le contemporain

À DROITE : Le carrelage rouge-orange du dosseret apporte une bouffée de chaleur à la pièce. Des chaises tout en rondeurs adoucissent le profil angulaire des armoires.

CI-DESSOUS : Le cadre en acier inoxydable de l'impressionnante hotte surplombant la cuisinière est couvert d'un placage en bois qui rappelle celui des armoires.

AU SOMMET : Dans une juxtaposition originale de styles, une cuisine au profil linéaire s'ouvre sur un espace repas rehaussé d'un superbe lustre et de chaises style dix-huitième.

CI-DESSUS : Le grain très visible du bois des armoires accroche l'œil et atténue l'aspect sévère des armoires bleu-gris qui encadrent la hotte en inox.

les jeux du verre

Givré, opaque, granulé, ondulé ou dépoli, le verre des portes d'armoire cache beaucoup de petits défauts. La vaisselle qui se trouve dans les armoires garde un certain mystère… et n'a pas besoin d'être propre comme un sou neuf. Mieux encore, ce type de verre ne garde pas la trace des doigts, comme le font les carreaux de verre translucide.

blancheur classique

À GAUCHE : Des lignes droites, des dessus de comptoir en granit poli et de vastes armoires blanches donnent à cette pièce son élégance classique, rehaussée par les miroirs posés en dosseret, l'îlot polygonal et la grande fenêtre cintrée qui créent une belle dynamique visuelle.

CI-DESSUS À DROITE : Dans cette autre cuisine blanche de facture classique, un dosseret et des dessus de comptoir en pierre renforcent la linéarité, tout en ajoutant du relief. Un éclairage dissimulé sous l'armoire met en évidence la texture colorée du dosseret et adoucit la rigueur de l'ensemble.

À DROITE : Dans cette petite cuisine de ville, l'abondante lumière qui pénètre par les fenêtres rectangulaires sans rideaux « agrandit » la pièce et fait ressortir le caractère linéaire de l'agencement.

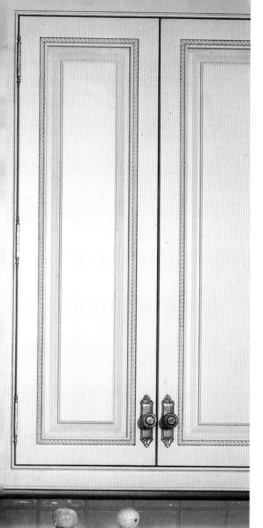

Les armoires – la « colonne vertébrale » de la cuisine – représentent une partie importante de votre budget de construction. Le nombre d'armoires et leur disposition dans la pièce définiront le plan de base de la cuisine. C'est en fonction de ce plan que seront disposés et rangés tous les équipements nécessaires à la préparation des repas. Les autres éléments de la cuisine – appareils ménagers, dessus de comptoir et revêtements des murs et du sol – s'intégreront donc dans la structure de base définie par les armoires… d'où l'importance de bien vous informer avant d'acheter. Vous trouverez dans le présent chapitre divers conseils pour vous aider dans vos choix.

Les armoires

▌ rôle clé ▌

▌ sélection ▌

▌ modalités de commande ▌

▌ prise des mesures ▌

Choisissez vos armoires de cuisine soigneusement. Elles doivent être fortes, durables et élégantes, tout en vous donnant tout l'espace nécessaire pour ranger les aliments et les outils de base de la cuisine.

**CI-DESSUS
À GAUCHE :**
L' « habillage » de la hotte renforce l'allure rustique de cette cuisine.

CI-DESSUS : Des armoires blanches toutes simples campent le décor d'une cuisine rustique.

À GAUCHE : Une élégante petite niche héberge des assiettes, des linges de maison et un plateau.

Rôle clé

Les armoires de cuisine remplissent deux fonctions essentielles : elles hébergent une bonne partie des éléments nécessaires à la préparation des repas et elles définissent l'agencement général des lieux. D'autres éléments – comme les comptoirs, les appareils ménagers, les accessoires culinaires, les revêtements de sol, les couvre-murs et l'encadrement des fenêtres – ajoutent leur cachet, mais ce sont en définitive les armoires qui déterminent l'allure d'ensemble de la cuisine, en raison du rôle clé qu'elles jouent.

Dans les cuisines du siècle passé, les armoires hébergeaient au hasard chaudrons, casseroles, assiettes et ustensiles, mais elles n'étaient pas nécessairement assorties les unes aux autres ni au reste de la pièce. Cette allure « désordonnée » plaît encore à certains, mais la plupart préféreront des armoires du même style pour donner une allure unifiée à leur cuisine.

Avant d'entreprendre le magasinage, prenez le temps de définir le plan qui correspond le mieux à vos besoins et le style qui reflète le mieux vos goûts et votre personnalité. Vous trouverez chez les grands fabricants d'armoires à peu près tous les styles imaginables. Visitez les salles de montre, examinez les catalogues, allez fureter sur les sites Web et voyez les choix qui vous sont offerts dans les catégories qui vous intéressent. Informez-vous du prix des différents modules ou cabinets dans chaque série. Avec cette information et sachant le nombre approximatif de modules qu'il vous faudra, vous aurez une bonne idée de ce qu'il vous en coûtera pour la partie armoires de votre nouvelle cuisine, ce qui, selon les experts, devrait représenter environ 40 % du total.

Une façon sûre de déterminer le volume de rangement qu'il vous faudra consiste à vider le contenu de vos armoires actuelles et à ranger sur le sol ce que vous désirez conserver. Chaque pile d'assiettes, de casseroles, de plateaux, de linges de table et de livres de cuisine représentera un ou plusieurs cabinets ou tiroirs. Si cette façon de faire s'avère trop compliquée ou trop longue, regardez ce qu'il y a dans vos armoires et évaluez la place qu'il vous faudra, en tenant compte des ajouts que vous ferez sûrement au fil des années.

CI-DESSUS : Dans cette cuisine, les armoires richement façonnées donnent le ton.

CI-DESSOUS : La finition finement détaillée de ces armoires ajoute une note d'élégance.

À DROITE : Cette armoire à porcelaine se distingue par la qualité de sa décoration et sa riche teinture foncée.

CI-DESSOUS : Des poignées originales qui attirent le regard.

À GAUCHE : Ces armoires majestueuses teintes couleur miel, avec panneaux en retrait, ne manquent pas d'impressionner.

CI-DESSOUS : Dans ce coin de cuisine, des armoires blanches à panneaux en retrait dégagent un air rustique. Une grande armoire de coin surmontée d'une moulure couronnée accentue le caractère champêtre.

CI-DESSUS : Vous voulez rehausser l'allure de votre cuisine ? Choisissez des armoires sombres, parées de décorations finement ouvrées, puis ajoutez quelques touches spéciales, comme un lustre, des rideaux et un miroir bordé d'or.

À GAUCHE : Des panneaux en érable moucheté ajoutent un chic supplémentaire aux armoires, comme la quincaillerie imitant le cristal.

Une idée géniale

Des détails qui comptent

Vous voulez donner du relief à votre cuisine ? Ajoutez des touches inattendues, comme des détails de menuiserie fine, un lustre au-dessus de la zone de travail ou de beaux rideaux dans les fenêtres.

Sélection

Il existe des milliers de fabricants qui réalisent des armoires dans une gamme infinie de styles, de finis et de prix, mais toutes ne se valent pas. Avant d'opter pour un modèle quelconque, examinez les détails de la construction. Méfiez-vous des tiroirs cloués, collés, ou simplement agrafés ensemble. Les tiroirs devraient pouvoir supporter environ 75 livres lorsqu'ils sont ouverts. Le caisson des armoires doit mesurer au moins ½ po d'épaisseur sur tout son pourtour, et toutes les surfaces intérieures, y compris les surfaces arrière, doivent être finies. Les étagères doivent être réglables en hauteur et avoir une épaisseur minimale de ⅝ po, de manière à

ne pas plier sous le poids des assiettes et accessoires. Recherchez des charnières solides qui ne grincent pas et qui permettent aux portes de s'ouvrir complètement. On trouve des armoires de qualité en bois massif, mais une bonne construction en contreplaqué avec portes et cadres en bois massif peut constituer une bonne alternative. D'autres modèles, moins chers mais encore acceptables, combinent des caissons en contreplaqué à des portes et des faces avant de tiroirs en panneaux de fibres de densité moyenne ou utilisent un stratifié collé sur un aggloméré épais de bonne qualité. Méfiez-vous des tiroirs faits de panneaux de particules minces.

quelques styles de portes d'armoires

Les styles de portes sont strictement décoratifs.
Représentés ici, de gauche à droite : panneau avec cadre à motif perlé, panneau avec cadre plat, panneau plat, panneau avec cadre mouluré,

panneau à motif carré en relief, panneau à motif cintré en relief, panneau à motif en baguettes, panneau à motif cathédrale.

PAGE PRÉCÉDENTE À GAUCHE : Cette armoire présente deux signes certains d'une construction soignée et de haute qualité : des intérieurs finis – y compris le panneau arrière – et des charnières solides.

PAGE PRÉCÉDENTE À DROITE : Adjacente à la cuisinière, cette armoire ouverte héberge un vaste assortiment d'épices. On peut deviner que ses étagères – dont le fini correspond aux armoires voisines – sont solides et faciles à nettoyer, des caractéristiques à rechercher au moment du magasinage.

À GAUCHE : Un fini satiné, une conception précise et de belles ferrures en laiton renforcent l'allure traditionnelle de ces armoires.

CI-DESSUS : Une innovation récente au royaume des cuisines : des tiroirs réfrigérés qui permettent de ranger les aliments d'usage courant à proximité de la zone de travail. Une lampe s'allume lorsqu'on ouvre le tiroir.

les **o**ptions

L'étape du magasinage des armoires, c'est aussi le moment d'envisager des aménagements spéciaux – comme un petit bureau, un coin où les enfants pourront faire leurs devoirs ou des travaux d'artisanat, un bar, un comptoir de boulangerie ou même un centre de divertissement. Recherchez des armoires qui comportent des caractéristiques intéressantes et commodes.

À DROITE : Ce centre de lavage comporte des espaces de rangement pour la vaisselle et les verres, qui vous épargneront beaucoup de déplacements inutiles.

CI-DESSOUS : À deux pas de la zone de travail, dans la même cuisine, un petit bureau complet avec plein de tiroirs, un plan de travail spacieux et des étagères pour les livres et les articles de collection.

AU SOMMET : Dans une cuisine familiale achalandée, un four micro-ondes a été implanté à l'une des extrémités de l'îlot, à l'écart des déplacements du cuisinier.

CI-DESSUS : Des détails esthétiques, comme cette console délicatement sculptée, ajoutent une note d'élégance.

À GAUCHE : Cette armoire polyvalente comprend un plan-bar et une niche pour la télévision.

CI-DESSUS : Pourquoi pas un coin bureau pour planifier sa journée ? Celui-ci comporte une surface de travail, des armoires et un casier pour y ranger les papiers.

CI-DESSOUS : Complément inhabituel d'une cuisine, ce comptoir de rempotage dominé par un superbe hublot plaira à tout cuisinier-jardinier.

À DROITE : Mettant admirablement à profit un court espace mural, ce coin bureau intègre un cellier réfrigéré.

EN BAS À GAUCHE : Remarquable et par sa couleur pâle et par le style de ses portes, ce présentoir d'angle orné de pièces de collection se détache des autres armoires.

CI-DESSOUS À DROITE : Une très belle colonne cannelée vient adoucir le caractère austère de cette armoire de coin.

armoires avec ou sans cadre

Dans la construction avec cadre, un cadre rectangulaire est posé sur le devant du caisson de l'armoire pour le renforcer et donner un point d'ancrage à la porte. Les portes des armoires sans cadre sont posées de niveau sur le caisson, de sorte qu'il n'y a pas de cadre visible ; les charnières sont aussi invisibles dans la plupart des cas.

▌ Construction sans cadre

Ce concept d'inspiration européenne, arrivé en Amérique dans les années 1960, s'impose de plus en plus dans les cuisines contemporaines. Les portes recouvrent totalement le devant du caisson, ce qui donne une allure lisse et fluide à l'ensemble.

▌ Construction avec cadre

Les armoires comportant un cadre visible autorisent une richesse de détails caractéristique des cuisines traditionnelles et rustiques et de leurs nombreuses cousines.

CI-DESSUS : Les modules de taille standard utilisés dans cette cuisine partiellement sur mesure sont disposés selon un plan original qui répond aux besoins de la famille.

À DROITE : Une autre façon de se démarquer : utiliser des armoires d'un même style mais présentant des finis différents.

S elon le type d'armoire choisie, vous recevrez vos armoires plus ou moins rapidement. Les modules prêts à assembler vous suivront chez vous le jour même où vous les achetez, et si vous êtes capable de les installer vous-même sans l'aide d'un professionnel, ce sera autant de gagné ! Les armoires de série produites en grande quantité, mais dans des tailles et des styles et finis limités, constituent une autre solution économique à condition que la qualité y soit. Les armoires faites en partie sur mesure sont offertes dans des tailles standard seulement, mais la gamme des styles, des finis, des agencements intérieurs et des accessoires connexes est beaucoup plus grande, ce qui élargit considérablement les options de mise en œuvre. Les armoires sur mesure que proposent les cuisinistes indépendants ou certaines entreprises spécialisées sont construites selon vos spécifications. Certes, vous paierez plus cher et il faudra peut-être attendre, mais vous aurez alors une cuisine unique au charme personnalisé et tout l'espace de rangement souhaité !

Modalités de commande

CI-DESSUS : Cet îlot, avec son débord gracieusement taillé en arc de cercle, a été fait sur mesure, comme le reste des armoires, pour cette cuisine haut de gamme.

CI-DESSUS À DROITE : D'autres touches personnalisées qui font envie : des modules à façade en verre de diverses tailles et des tiroirs spécialement aménagés.

À DROITE : Les armoires sur mesure de cette cuisine s'intègrent parfaitement au style fin XIXe de la maison.

À GAUCHE : Ces très belles armoires dotées de portes à cadre teintes d'une couleur naturelle renforcent l'allure rustique de la pièce.

À DROITE ET CI-DESSOUS À DROITE : La présence de fins découpages de menuiserie, d'incrustations et d'autres détails esthétiques donne aux armoires un charme particulier.

PAGE SUIVANTE : Une finition sur mesure met en valeur la noble élégance de cette vieille armoire.

de **b**elles **a**rmoires pour **e**ncadrer votre **c**entre de **c**uisson

Ces deux centres de cuisson sur mesure se distinguent par l'« habillage » de leurs hottes assorties par la couleur et le style aux armoires voisines et qui imposent leur forte présence au centre de la cuisine.

Une idée géniale

Du style à bon compte

Pour surprendre le regard et donner l'apparence du sur-mesure à une cuisine meublée d'armoires de série, insérez-y quelques modules à portes vitrées et variez les tailles, les hauteurs ou les finis des autres modules.

Regardez bien, en haut, en bas : vous découvrirez des endroits inattendus

CI-DESSUS : Pour tirer le maximum d'un espace réduit, rien de tel que de petites armoires. Ici, chaque pouce carré du mur est mis à profit.

À GAUCHE : Un espace qui aurait été perdu entre les fours et le petit pupitre à droite est devenu une armoire surmontée d'un plateau de télé pratique qui se tire et pivote.

À DROITE : Une rangée d'armoires hautes héberge les plats de service, les napperons et les bacs de rangement derrière des portes vitrées.

pour le rangement

CI-DESSUS À GAUCHE ET À DROITE : Ici, on a mis à profit un espace minuscule entre les fours et le mur en y introduisant une unité coulissante juste assez large pour tenir un balai et un porte-poussière.

CI-DESSUS À GAUCHE ET À DROITE : Les quelques pouces libres sur les deux côtés d'une plaque de cuisson ont été comblés par une étroite armoire coulissante contenant un assortiment de pots à épices et une fente haute pour les tôles à biscuits.

Les coins

La mise en valeur des coins dans les cuisines est un véritable casse-tête. Les armoires présentées ici ont permis de régler le problème en transformant les coins en espaces de rangement pratiques – comme un garde-manger pour les aliments en sacs ou en conserve, CI-DESSUS À GAUCHE ET À DROITE –, en tiroirs profonds pour les casseroles et les poêles, avec leurs couvercles, À GAUCHE, et en une armoire angulaire particulièrement astucieuse pour le rangement des bouteilles, À DROITE.

la **b**onne **h**auteur

Les cuisinistes et les décorateurs vous diront que les rangements les plus accessibles se situent entre le niveau des yeux et celui des genoux. On devrait donc agencer ses espaces de rangement de façon que les articles les plus utilisés se trouvent dans cet intervalle, les articles d'usage moins fréquent étant rangés en haut ou en bas de cet espace.

Coins et recoins

De petits espaces apparemment perdus peuvent être mis à profit de façon originale. Ainsi, on peut aménager une niche éclairée dans le dosseret d'une voûte de cuisson, CI-DESSUS À GAUCHE. Dissimulée dans un mur près d'une autre aire de cuisson, une petite armoire peu profonde héberge des pots d'épices, À GAUCHE. (À noter ici le pratique robinet de remplissage des chaudrons.) Découpée dans un espace peu profond entre deux armoires, une autre niche coquette accueille les linges à vaisselle, ci-dessus.

PAGE PRÉCÉDENTE EN HAUT À GAUCHE :
Un astucieux tiroir à deux niveaux facilite
le rangement.

PAGE PRÉCÉDENTE EN HAUT À DROITE :
Chaque chose reste à sa place grâce aux
divisions en plastique translucide de ce tiroir.

PAGE PRÉCÉDENTE AU MILIEU À GAUCHE :
Les produits de nettoyage, qui se retrouvent
trop souvent empilés sous l'évier, sont plus
faciles à ranger dans un tiroir profond.

Une idée géniale

Des solutions pour les casseroles !

Les armoires standard ne sont pas
l'endroit idéal pour ranger les poêles et
les casseroles, avec leurs couvercles
vagabonds. Une grande armoire
coulissante, comme celle-ci, c'est bien
mieux ! L'autre solution consiste
à prévoir des tiroirs profonds, qui
révèlent tout leur contenu d'un
coup et d'où il est facile
d'extraire l'article choisi.

PAGE PRÉCÉDENTE AU CENTRE À DROITE :
Un solide support à casseroles allie originalité
et commodité.

PAGE PRÉCÉDENTE EN BAS À GAUCHE :
Ce petit tiroir divisé devient un fourre-tout
très commode.

PAGE PRÉCÉDENTE EN BAS À DROITE :
Cette unité à deux niveaux constitue le lieu idéal
pour ranger les casseroles et leur couvercle.

À DROITE : Cet imposant meuble polyvalent
conserve le vin à la bonne température et
héberge les casseroles de tout format avec
leur couvercle.

À GAUCHE : Ces bacs à façade vitrée constituent une façon originale et commode de conserver les pâtes et les haricots secs.

À DROITE : Un astucieux tiroir porte-épices met à profit une zone morte entre la cuisinière et une armoire de sol.

Planifier sa cuisine pour faciliter les déplacements

À GAUCHE : Les tiroirs de cette armoire garde-manger peuvent accueillir une vaste gamme d'aliments en conserve.

À DROITE : Un espace inutilisé au bout d'un îlot est devenu une commode armoire de rangement.

EN BAS À GAUCHE : Dans ce mini-centre de communication, on trouve un téléphone, un répondeur automatique, un plateau-écritoire coulissant et un tiroir peu profond pour les bloc-notes et les crayons.

EN BAS À DROITE : Un tiroir cache un plateau commode sous un micro-ondes.

PAGE SUIVANTE : Comme on le voit dans cette spacieuse cuisine, les armoires contemporaines peuvent répondre à tous les besoins du maître de céans.

la **t**aille des **c**hoses

Dimensions standard des armoires (en pouces – les tailles variables progressent par sauts de 3 po)

Armoire	Largeur	Hauteur	Profondeur
Module de base	9-48	34 ½	24
Base pour tiroirs	15-21	34 ½	24
Base pour évier	30, 36, 48	34 ½	24
Base pour coin aveugle	24 (meuble inutilisable)	34 ½	24
Base pour coin	36-48	34 ½	24
Carrousel de coin	33, 36, 39 (diamètre)	X	X
Base pour cuisinière encastrée	30, 36	12-15	24
Module mural	9-48	12-18, 24, 30	12, 13
Grande armoire	18-36	84, 90, 96	12-24
(four, garde-manger, armoire à balais)			

À DROITE ET PAGE SUIVANTE AU SOMMET : L'îlot assorti aux très belles armoires de cette cuisine sert notamment de centre de boulangerie.

PAGE SUIVANTE EN BAS ET À GAUCHE : Un ajout qui fera l'affaire de tous : un poste café intégré aux armoires de la cuisine.

PAGE SUIVANTE EN BAS ET À DROITE : Cette monumentale armoire garde-manger décorée de portes style persiennes est dotée d'une quincaillerie qui facilite l'accès à son contenu.

dimensions **c**ourantes

Il faut adapter à vos besoins les dimensions courantes qui suivent. Ainsi, nombreux sont ceux qui préfèrent des comptoirs plus élevés – par exemple, 37 ½ po et même plus pour les personnes très grandes.

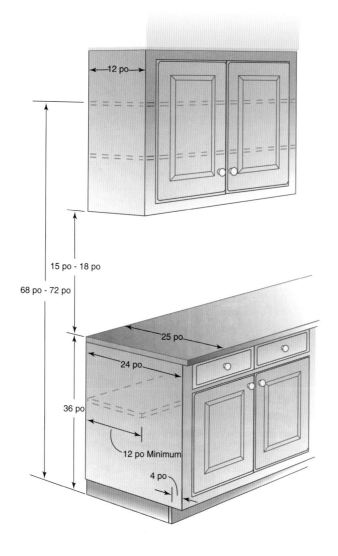

Prise

D essinez d'abord un plan sommaire du sol de votre cuisine, en notant l'emplacement des portes, fenêtres et autres ouvertures dans les murs. Il faut prendre les mesures à trois niveaux : au-dessus des plinthes, à 36 po et à 6 ou 7 pi au-dessus du sol. Sur votre croquis, indiquez les armoires et les appareils que vous souhaitez installer. Ne vous inquiétez pas si les volumes ne concordent pas parfaitement. Les largeurs d'armoires préfabriquées progressent par sauts de 3 po. En jouant avec les différentes tailles offertes, vous pourrez généralement arriver à « caser » une série de modules le long de chaque mur, en comblant au besoin les vides par des bandes de remplissage. Les coins peuvent poser problème. Votre cuisiniste ou votre entrepreneur pourra vous conseiller diverses solutions – comme des bases vides ou des éléments de coin – ou vous pouvez ajouter un évier de coin ou une péninsule qui mettrait à profit cet espace.

des mesures

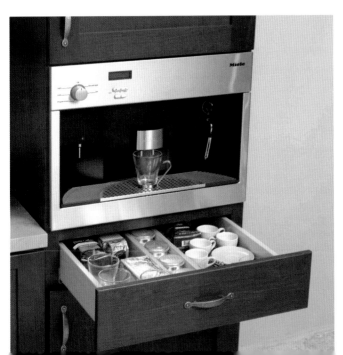

AU SOMMET À GAUCHE : Voici un centre de boulangerie bien pensé, avec ses cases et ses corbeilles coulissantes qui contiennent tout ce que peut souhaiter le chef boulanger.

AU SOMMET À DROITE : Ce poste de recyclage comporte quatre bacs qui facilitent le tri des déchets.

AU MILIEU À GAUCHE : Ces paniers-tiroirs qui se glissent sous le comptoir de préparation des aliments permettent de garder les fruits et légumes à portée de la main.

AU MILIEU À DROITE : Une façon originale de soustraire à la vue de ses convives les déchets et produits recyclables.

EN BAS À GAUCHE : L'alternance de verre translucide et dépoli ajoute une touche d'élégance.

EN BAS AU CENTRE : Cette porte rehaussée de verre plombé s'insérerait parfaitement dans le décor d'une cuisine traditionnelle ou d'une cuisine rustique à l'anglaise.

EN BAS À DROITE : L'utilisation de verre cannelé et granulé ajoute un cachet particulier à cette armoire de style contemporain.

mettez le grappin dessus

Les poignées de portes et d'armoires ont acquis une telle importance que certains concepteurs les ont surnommées les « joyaux de la cuisine ». Comme l'illustrent les quatre exemples ci-dessous, vous pourrez trouver des poignées qui conviennent à tous les styles, depuis le plus orné jusqu'au plus rustique, en passant par le plus épuré.

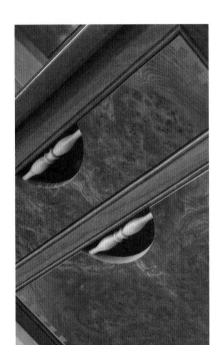

Une idée géniale

La magie du verre

Les portes d'armoires en verre translucide révèlent le contenu de l'armoire aux yeux de tous, ce qui suppose une quasi-obsession du rangement, que tous ne possèdent pas. L'utilisation de verre traité, aussi attrayant mais plus discret, réglera le problème.

Les armoires seront certes l'élément le plus apparent de votre cuisine, mais les surfaces qui les entourent – les murs, le plafond et les planchers – influenceront également l'allure générale de la pièce. Un choix judicieux de matériaux et de finis peut faire la différence entre un tout harmonieux et un assemblage disparate. Mais l'esthétique n'est pas tout : l'aspect pratique est aussi important. Choisissez vos matériaux de surface de façon qu'ils soient faciles à entretenir et capables de supporter le va-et-vient d'une utilisation quotidienne : vous passerez alors moins de temps à nettoyer votre nouvelle cuisine et plus de temps à en profiter.

Les surfaces

| finition des murs |

| revêtements de sol |

| plafonds |

Des surfaces aux couleurs chaudes enjolivent cette cuisine et rapprochent des éléments aussi disparates que les appareils ménagers en acier inoxydable et un plancher en érable teint foncé.

ous vous êtes attardé au choix des armoires, des appareils ménagers et des comptoirs de votre nouvelle cuisine, mais il ne faudra pas pour autant négliger le reste, notamment les murs. La façon dont vous finirez vos murs donnera la touche finale à votre style et assurera l'unité de décor de la pièce.

La peinture est la façon la plus économique et la plus commode de finir des murs, à moins que vous choisissiez un fini décoratif qui exige l'intervention d'un spécialiste. L'économie sera encore plus grande si vous décidez de faire le travail vous-même. Quelle que soit la couleur choisie, vous aurez avantage à utiliser une peinture lavable. Et souvenez-vous : il n'est pas nécessaire que les plafonds soient blancs. Vous pourrez créer un bel effet en utilisant une variante atténuée de la couleur des murs ou un bleu très pâle.

Les couvre-murs (en vinyle lavable, par exemple) coûtent un peu plus que la peinture mais peuvent s'installer à bon compte, surtout si vous faites vous-même le travail en utilisant des rouleaux pré-encollés et pré-taillés. Vous aurez le choix d'une vaste gamme de couleurs, motifs et bordures coordonnées, qui se renouvellent d'année en année.

Finition des murs

Les panneaux muraux représentent une autre possibilité. C'est en tout cas la façon la plus efficace de couvrir les imperfections d'un mur existant. Les « panneaux » dont on parle ici et qui sont des planches ou des feuilles qu'on applique sur les murs, n'ont rien à voir avec les imitations ternes de pin noueux qui décoraient les murs des sous-sols « finis » du passé. En fait, certains de ces panneaux sont très chers et tout à fait élégants. Il existe néanmoins des produits de qualité moyenne, en bois ou imitation de bois, qui peuvent ajouter chaleur et caractère à votre cuisine. Une variante de cette formule – le lambris d'appui – se rencontre souvent dans les cuisines de style rustique. Il s'agit de panneaux à mi-hauteur qui couvrent la partie inférieure du mur, jusqu'au niveau de la moulure de protection contre les dossiers de chaise.

PAGE PRÉCÉDENTE : Un couvre-mur de couleur rouge brique rehaussé d'un motif discret fait écho aux autres couleurs chaudes de la cuisine et s'harmonise naturellement avec les couleurs de la pièce adjacente.

CI-DESSUS : Le verre lime rafraîchissant de la partie supérieure du mur contraste agréablement avec la blancheur des carreaux de céramique.

À GAUCHE : Finis de façon à imiter le plâtre, ces murs blanc crème complètent agréablement l'élégant décor de la pièce.

comment réaliser un mur d'allure rustique

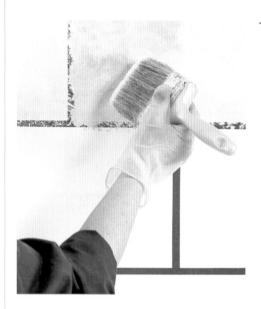

1 Tracez un quadrillé imitant la disposition des blocs et utilisez du papier-cache pour dessiner les lignes de mortier. Les lignes verticales doivent être disposées en quinconce et centrées. Appliquez la peinture par pressions successives, en déplaçant la main de gauche à droite et vice-versa, de façon à obtenir une texture semblable à celle de la pierre. Pour faire varier la coloration, appuyez plus ou moins fort sur le pinceau.

2 Laissez la peinture sécher, puis enlevez le papier-cache. Avec une peinture légèrement plus foncée, créez des lignes d'ombre le long du côté droit ou du côté gauche des blocs, et en dessous de ceux-ci. Pour vous guider dans le découpage, utilisez un pinceau à lettre et un couteau large. Pour éviter un contraste excessif des couleurs, diluez d'abord la peinture avec un peu d'eau (s'il s'agit d'une peinture à l'eau).

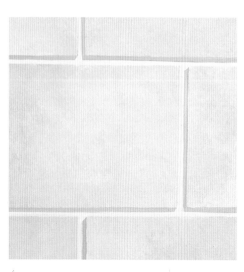

3 Laissez sécher les lignes d'ombre, puis diluez de la peinture blanche et dessinez les lignes de mortier autour des blocs. Laissez les lignes d'ombre intactes, en « taillant » toutefois légèrement leurs coins inférieurs. Le mur de pierre vous apparaîtra alors complet, avec une texture tachetée et des zones d'ombre et de lumière imitant le découpage des pierres.

PAGE PRÉCÉDENTE ET CI-DESSOUS : Les fausses pierres dessinées au mur accentuent l'aspect champêtre européen de cette cuisine.

▮

À DROITE : Le fini vernissé de cette cuisine et salle familiale à aire ouverte adoucit la rigueur géométrique des fenêtres.

▮

EN BAS À DROITE : Le fini tacheté de la peinture donne à ces murs une allure usée agréable à voir et en parfaite harmonie avec le tissu et les meubles qui décorent la pièce.

La magie de l'illusion

peinture et **p**apier **p**eint

En ce qui concerne la finition des murs de cuisine, il y a une règle impérative à respecter : la peinture et les couvre-murs doivent être lavables et ceux-ci doivent en plus être étanches (non poreux). Voici quelques conseils en ce qui concerne le choix des couleurs.

▌ Des couleurs foncées, profondes, donnent de la chaleur à la cuisine ; des couleurs plus pâles incitent au calme ; l'utilisation d'imprimés et de motifs ajoute de la diversité et de la gaieté.

▌ Vous vous demandez si une couleur ou un motif donné fera l'affaire ? Appliquez la peinture ou un grand échantillon de couvre-mur sur un morceau de carton et suspendez celui-ci au mur pour voir l'effet que cela donne à mesure que le jour avance. Si la première impression est bonne, laissez-le en place plusieurs jours avant de prendre une décision.

▌ Pour assurer une certaine harmonie à l'intérieur de la maison, assurez-vous que la finition des murs de la cuisine va de pair avec celle des pièces adjacentes.

PAGE PRÉCÉDENTE EN HAUT À GAUCHE : L'utilisation d'un papier peint lavable orné de motifs de taille moyenne permet de faire le lien entre la cuisine et le petit salon adjacent.

▌

PAGE PRÉCÉDENTE EN HAUT À DROITE : Ce mur d'un beau vert saturé constitue une toile de fond qui sied bien à une cuisine d'allure contemporaine.

▌

PAGE PRÉCÉDENTE EN BAS : Scintillante et fraîche, cette cuisine combine un beau bleu royal avec un plafond, des armoires et des garnitures blanches.

▌

À GAUCHE : L'utilisation hardie des couleurs – comme ce mur terre cuite – peut donner chaleur et éclat à une pièce autrement ordinaire.

▌

CI-DESSOUS : Le blanc cassé neutre mais riche de ces murs s'harmonise parfaitement avec les armoires de style Arts & Crafts.

profils de **m**oulures les **p**lus **c**ourants

Les détails de finition d'inspiration grecque et romaine sont présents dans tellement de styles de décoration qu'il est difficile de trouver une seule moulure qui ne contient pas un élément quelconque de décoration classique. La doucine, par exemple, se rencontre sur toutes sortes de pièces, depuis les moulures intérieures jusqu'aux corniches extérieures, en passant par les bords de table. Voici quelques-unes des formes et des motifs de moulures qui ont subi avec succès l'épreuve du temps.

Tore/Astragale

Échine droite

Cavet

Moulure couronnée

Doucine droite

Scotie

Moulure murale

Quart-de-rond

Doucine renversée

Moulure de panneau

Chapelet

Baguette à nez arrondi

boiseries

Détails de finition – Entrent dans cette catégorie les encadrements de portes et de fenêtres, les moulures, les plinthes et les colonnes. Ces éléments de décoration viendront mettre la touche finale à une pièce bien pensée, comme le ruban qu'on attache autour d'une boîte cadeau. Il est important de choisir des décorations qui conviennent au style et aux proportions de votre cuisine, de même qu'à l'architecture générale de la maison. L'éventail des possibilités est immense, depuis le plus simple jusqu'au plus sophistiqué, comme l'illustrent les figures à gauche. Les boiseries ornées conviennent bien aux cuisines de style traditionnel, les boiseries plus sobres aux agencements contemporains ou décontractés. Si vous désirez créer des effets spéciaux, vous voudrez peut-être recourir aux services d'un ébéniste, mais vous pourrez aussi trouver chez votre marchand de bois ou à votre centre de rénovation des éléments précoupés ou préfabriqués qui ne manquent pas d'élégance.

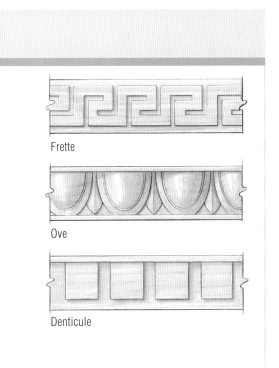

Frette

Ove

Denticule

PAGE PRÉCÉDENTE ET CI-DESSUS : Fenêtres, garnitures de porte, plinthes et moulures couronnées de couleur blanche se détachent sur un couvre-mur rouge écarlate et créent une impression de profondeur et de distinction.

À DROITE : Les colonnes cannelées qui encadrent le passage donnant sur cette cuisine traditionnelle donnent à celle-ci une allure prestigieuse.

colonnes de style

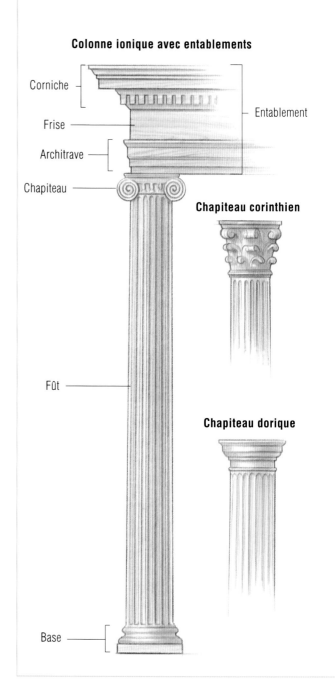

Colonne ionique avec entablements

Corniche

Frise

Architrave

Chapiteau

Entablement

Chapiteau corinthien

Fût

Chapiteau dorique

Base

CI-DESSUS À GAUCHE ET À DROITE : Qu'il s'agisse d'originaux ou de reproductions, les blocs de coin en forme d'œil-de-bœuf (rosaces) et la boiserie supérieure en forme de denticules créent un bel effet sur une fenêtre de cuisine.

À GAUCHE : Ce cadre de porte se distingue par un encadrement à joints biseautés.

Ce sont les détails qui font la différence dans une architecture

classique

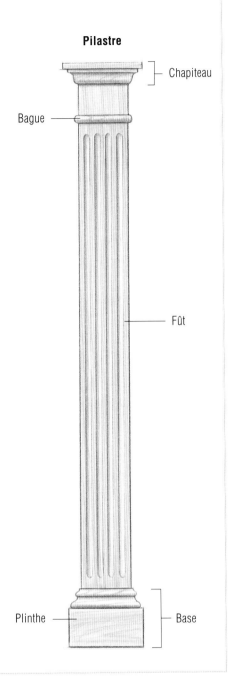

Pilastre

Chapiteau

Bague

Fût

Plinthe — Base

À DROITE : Le pôle d'attraction de cette zone de préparation des aliments est une fenêtre à sommet cintré de style fédéral, richement décorée au moyen de boiseries qui font écho à la boiserie des armoires et à la moulure couronnée.

de qualité | | | | | | | | | | | |

les encadrements de portes et de fenêtres

Encadrement à joints biseautés de style victorien

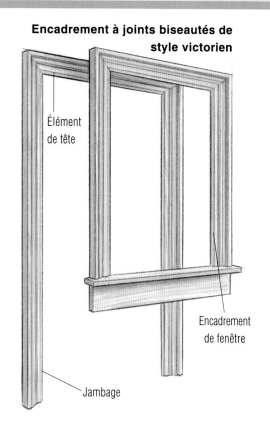

Élément de tête

Encadrement de fenêtre

Jambage

Encadrement à piétement avec rosette

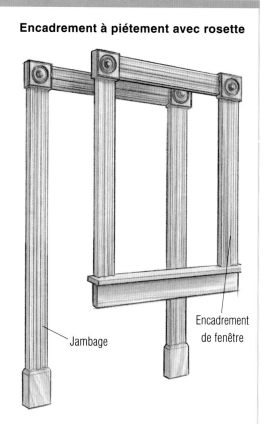

Jambage

Encadrement de fenêtre

Encadrement de style Arts & Crafts

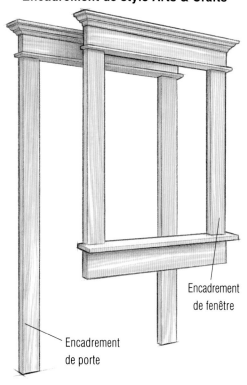

Encadrement de fenêtre

Encadrement de porte

Encadrement cannelé avec couronnement décoratif

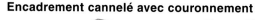
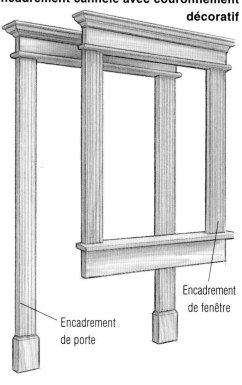

Encadrement de fenêtre

Encadrement de porte

PAGE SUIVANTE EN HAUT : Des moulures simples en forme de coquille mettent en évidence des fenêtres et des portes aux lignes épurées qui éclairent une cuisine d'allure contemporaine.

PAGE SUIVANTE EN BAS À GAUCHE ET À DROITE : Une recette facile pour donner un cachet unique à votre coin-repas : appliquez un beau couvre-mur au-dessus du lambris d'appui des murs et encadrez cette décoration au moyen de bordures coordonnées et de moulures de cimaises murales et de cimaises de tableau.

Une
idée géniale

Les miracles
de la peinture

Dans une pièce au profil
rectiligne, donnez du relief
à des moulures discrètes
en forme de coquille
en les peignant d'une
couleur qui contraste
avec celle des
murs.

À GAUCHE : Le couvre-plancher en feuilles de vinyle est disponible en plusieurs motifs, dont cette imitation brique.

PAGE SUIVANTE EN HAUT À GAUCHE : Un plancher en bois est le choix qui s'impose dans cette cuisine rustique et simple de style Nouvelle-Angleterre.

PAGE SUIVANTE EN HAUT À DROITE : Les carreaux de céramique blancs avec incrustations noires du plancher font écho au damier noir et blanc du dosseret du comptoir de cuisine.

CI-DESSOUS : Le linoléum, très populaire pendant la première moitié du siècle dernier, nous revient avec des couleurs et des motifs renouvelés.

La plupart des couvre-planchers disponibles aujourd'hui combinent durabilité, belle apparence et entretien minimum, trois qualités essentielles dans une cuisine. Parce que l'apparence est importante dans cette pièce très fréquentée, vous voudrez que les motifs et la couleur du plancher se marient naturellement avec les armoires et les autres éléments de la cuisine. À l'étape du magasinage, pensez harmonie et pensez concordance. Le bois s'adapte à la quasi-totalité des styles de cuisines, mais la pierre, tout à fait acceptable dans une configuration contemporaine, peut ne pas convenir à certaines cuisines rustiques, tandis qu'un matériau minimaliste – comme le béton – doit être utilisé avec précaution. En outre, il faut vous renseigner sur les modalités d'entretien des matériaux qui vous intéressent. Tous les revêtements de sol exigent de l'entretien, bien sûr, mais certains en demandent plus que d'autres. Combien de temps êtes-vous prêt à consacrer à l'entretien du plancher ? En répondant à cette question, vous aurez déjà éliminé certains choix. Et voici une autre question importante : quel niveau de confort souhaitez-vous ? Certains matériaux, comme le bois, le vinyle et les

Revêtements de sol

stratifiés, sont plus « confortables » que d'autres. Si vous prévoyez passer de longues heures debout à préparer des recettes compliquées pour des tablées importantes, vous aurez avantage à choisir un matériau capable d'amortir les chocs, plutôt que des carreaux de céramique ou des pierres, qui sont sans pitié pour les pieds. Informez-vous également de la durabilité du matériau. La plupart des matériaux modernes peuvent supporter l'usure, mais si votre cuisine est particulièrement achalandée – avec des enfants et des animaux domestiques qui la traversent régulièrement –, vous aurez besoin d'une surface à toute épreuve. Choisissez le produit présentant les meilleures caractéristiques de durabilité et de qualité que votre budget vous permet d'acheter, et évitez les « aubaines » que vous devrez remplacer quelques années plus tard.

▌ comment refaire le fini d'un plancher en bois

1 Mettez une bande à grains moyens dans la ponceuse et sablez le plancher dans la direction des lames de bois. La ponceuse doit être déplacée sans cesse pour éviter de creuser le bois.

2 Après deux passages avec la ponceuse, passez soigneusement l'aspirateur pour éliminer la poussière et appliquez une teinture ou une première couche de polyuréthane.

3 Laissez le polyuréthane sécher, puis polissez la surface au moyen d'un disque rotatif en laine d'acier, en suivant le grain du bois.

4 Vérifiez que le plancher est libre de toute poussière (pour vous en assurer, passez un chiffon de dépoussiérage) et appliquez au moins une couche de produit de finition.

CI-DESSOUS : Le grain prononcé de ce plancher en merisier naturel présente un aspect quelque peu informel qui va de pair avec l'élégance décontractée des lieux.

PAGE SUIVANTE EN HAUT : Le chêne, posé ici en diagonale pour créer un effet de mouvement dans cette pièce relativement petite, constitue toujours un bon choix.

PAGE SUIVANTE EN BAS : Les tons clairs de l'érable canadien s'adaptent à des intérieurs traditionnels aussi bien que contemporains.

le charme du bois

Les planchers en bois apportent de la chaleur et une sensation de confort dans la cuisine, mais tous les bois ne conviennent pas à cette aire de grande circulation. Le chêne, l'érable, le frêne et d'autres bois durs conviennent mieux que le pin, le sapin ou le merisier, essences plus tendres qui résistent mal à un martèlement constant. Les planchers en bois finis sur place avec une application d'huile ou de cire présentent un lustre superbe, mais ils doivent ensuite être traités une fois l'an. Le polyuréthane dure plus longtemps et n'exige ni décapage, ni cirage, ni polissage. Les revêtements préfinis de haute qualité, qui connaissent une vogue croissante, permettent d'accélérer les choses et d'éviter les poussières et les émanations toxiques du traitement au polyuréthane. Autre vogue grandissante : le raclage du bois à la main, pour lui donner une allure plus rustique. Le résultat est un plancher d'allure plus vieille mais dont le fini et la durabilité correspondent aux normes actuelles. Les planchers en bois – s'ils sont convenablement finis – sont faciles à garder en bon état et résistent bien aux éclaboussures occasionnelles. Des contacts répétés avec l'eau, autour de l'évier ou du lave-vaisselle par exemple, peuvent entraîner une déformation ou un gondolement de la surface.

carreaux de céramique et pierre

Les carreaux de céramique et la pierre gardent la cote comme matières premières des planchers de cuisine, et il ne faut pas s'en étonner. La céramique est durable et facile à entretenir, elle résiste bien à l'eau et est disponible dans une palette de couleurs, de tailles et de formes telle que ses potentialités sont quasi illimitées. La céramique qui imite la pierre est particulièrement prisée à l'heure actuelle, de même que les pierres véritables, notamment le granit, l'ardoise, le calcaire et la stéatite (pierre de savon) qui offrent toutes une excellente durabilité et une grande facilité d'entretien, à condition d'être imperméabilisées. Le prix des carreaux de céramique varie de modéré à élevé, tandis que la pierre est généralement plus chère. Si vous optez pour l'un de ces matériaux, pensez sécurité d'abord et choisissez un fini texturé et mat qui réduira le risque de chutes. Leurs défauts? La céramique et certains types de pierres peuvent fendre sous l'effet d'un choc, et il va sans dire que tout objet fragile échappé d'une certaine hauteur se brisera. Autre désavantage : ces matériaux sont froids et durs pour les pieds et ils résonnent au contact des chaussures. De quel côté va la tendance actuelle? Vers le béton, teinté et peint!

À GAUCHE : Un damier de mini-carreaux blancs et or encadre ce plancher en céramique et se retrouve également sur le dosseret qui ceinture les comptoirs.

CI-DESSUS : Deux motifs de céramique très différents se côtoient sans heurts dans cet espace qui combine cuisine et salle à manger.

À DROITE : Un plancher de céramique beige clair court discrètement de la cuisine à la salle à manger, créant une unité de styles entre les deux espaces.

Une idée géniale

Découpez votre espace

Pour mettre en valeur une partie de votre cuisine – comme ce coin-repas –, dessinez un « tapis » composé de carreaux de céramique.

formes et motifs d'assemblage des carreaux de plancher

Le carreau de plancher de base mesure 12 x 12 po, l'espace entre les carreaux variant de ⅛ à ¼ po.

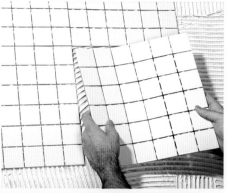

Les mini-carreaux fixés sur toile ressembleront à une mosaïque de carreaux individuels lorsque l'installation sera terminée.

Avec des carreaux rectangulaires, on peut créer divers motifs nattés.

La combinaison de carreaux de diverses formes vous permettra de créer une variété de motifs.

Les carreaux de forme hexagonale donnent des motifs emboîtés.

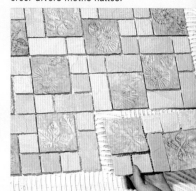

Il existe aussi **des plaques de carreaux de couleurs et de tailles assorties** sur une même toile.

À GAUCHE : Un dallage coloré de petits et grands carrés de céramique posé au pied des armoires crée une frontière naturelle entre celles-ci et le plancher en ardoises voisin.

À DROITE ET CI-DESSOUS : Dans cette configuration de style rustique, on a opté pour un plancher en bois dans la zone de préparation des aliments – en raison de son apparence décontractée et du confort du bois pour les pieds – et pour une combinaison de tuiles en terre cuite non vitrifiées et de bandes de bois dans la zone repas adjacente, de manière à créer un lien esthétique avec le plancher – en bois – de la section cuisine.

vinyle et linoléum

Le vinyle connaît une immense popularité depuis les années 1960. Économique, durable et facile à entretenir, le vinyle est offert dans une multitude de couleurs et de motifs. Grâce à ses propriétés élastiques, le matériau absorbe une partie des chocs, ce qui le rend plus confortable pour les pieds. On aura avantage à investir dans un produit haut de gamme, plus épais, qui résistera plus longtemps à l'usure et sera plus agréable pour les pieds. Tout couvre-plancher en vinyle finira par s'user, mais une surface présentant une trame moyennement foncée et un motif bien défini gardera sa belle apparence plus longtemps qu'une surface plus claire avec un dessin plus discret. Le vinyle se vend en carreaux ou en feuilles.

Le linoléum, qui a perdu de sa faveur en raison de ses exigences d'entretien (cirage et imperméabilisation), nous revient dans une version améliorée, imperméabilisée à l'usine, donc plus facile d'entretien. Plus cher que le vinyle, il est néanmoins durable et confortable pour les pieds. Il se vend en carreaux ou en feuilles, dans une gamme relativement étroite de couleurs et de motifs.

PAGES PRÉCÉDENTE EN HAUT ET À GAUCHE : Non, il ne s'agit pas d'un plancher en grosses planches, mais d'une imitation en vinyle.

À DROITE : Ce damier noir et blanc, qui présente la rigueur géométrique d'un plancher en carreaux de céramique, est en réalité constitué d'une feuille de vinyle résilient.

CI-DESSOUS À GAUCHE : Cette surface rayée et mouchetée, qui ressemble à s'y méprendre à de la pierre naturelle, est en réalité une feuille de vinyle de bonne qualité, payée une fraction du prix de la pierre.

CI-DESSOUS : L'allure très contemporaine des carreaux de vinyle du couvre-plancher rehausse le style fluide de cette cuisine.

À défaut de bois et de pierre...

le **s**tratifié et le **b**ois d'ingénierie

Les couvre-planchers en matériaux stratifiés peuvent imiter la pierre, les carreaux de céramique et divers autres matériaux, mais on les connaît surtout pour leur imitation très convaincante des lames ou des planches de bois. La couche visible de ce produit multicouche est une image photographique recouverte d'une couche de mélamine très résistante. Soudées par l'application de très fortes pressions, les différentes couches forment un matériau extrêmement durable qui peut, dans des circonstances normales, résister au va-et-vient intensif des cuisines et supporter sans mal des accidents courants comme les éraflures, brûlures et taches. Un plancher en stratifié est confortable pour les pieds, facile à entretenir et économique, bien qu'un peu plus cher que le vinyle. La plupart des planchers en stratifié sont « flottants », c'est-à-dire qu'ils ne sont ni collés ni cloués au sous-plancher. Ils peuvent s'installer sur la plupart des autres matériaux utilisés comme couvre-planchers, notamment le bois, le béton, le vinyle ou la céramique. Il existe un grand nombre de fabricants et les qualités varient. Pour ne pas être déçu, informez-vous de la résistance et de la durée de vie prévue du produit qui vous intéresse. Comme un stratifié abîmé ne peut être réparé, il est important de s'informer des garanties offertes.

Le bois d'ingénierie, comme le stratifié, est constitué de plusieurs couches – généralement, de trois à sept – liées ensemble par application de chaleur et de pression. La couche supérieure, qui est un placage de bois dur, peut être constituée d'à peu près n'importe quelle essence de bois. Les fabricants affirment qu'en raison de sa construction multicouches, le bois d'ingénierie est plus résistant à l'eau et aux variations du niveau d'humidité que le bois massif. Plus cher qu'un stratifié, mais moins cher qu'un bois massif, le bois d'ingénierie est un matériau polyvalent qui peut être posé sur divers sous-planchers.

À GAUCHE : Un stratifié imitant la pierre donne de la chaleur et de la texture – à bon compte – à cette cuisine de style rustique.

PAGE PRÉCÉDENTE À L'EXTRÊME GAUCHE : Ce stratifié à la texture rayée ressemble à de la pierre brute, mais présente une surface beaucoup plus douce et confortable pour les pieds.

À GAUCHE : Difficilement distinguable de l'essence de bois qu'il remplace, ce stratifié imitation érable est robuste et résiste admirablement bien aux assauts quotidiens dont il est l'objet.

À DROITE : Le choix des motifs est immense. Cette imitation pacanier de couleur claire convient très bien à une cuisine de style contemporain.

e plafond? Personne ne regarde au plafond! On le peint en blanc et le tour est joué! Détrompez-vous car vous perdez là une belle occasion d'ajouter de la chaleur et du relief à votre cuisine et sans doute aussi d'éliminer – à bon compte – quelques fissures et défauts de la surface.

Une simple couche de peinture peut faire toute la différence. Une teinte claire, neutre ou pastel vaudra mieux que le blanc habituel et donnera une impression de grandeur à la pièce, tandis qu'une coloration moyenne ou foncée conférera une sensation d'intimité et de confort.

Les carreaux et panneaux de plafond vont un peu plus loin et ajoutent de la texture et une nouvelle dimension à la pièce. Les choix de genre sont nombreux: certains éléments présentent une texture

Plafonds

discrète, d'autres des motifs plus marqués. On trouve aussi des feuilles métalliques qui rappellent les plafonds de tôle embossée du siècle passé et qui sont disponibles dans une grande variété de tailles, de motifs et de finis, comme l'étain, le cuivre et le laiton. L'effet est garanti lorsque ces panneaux sont installés dans une cuisine de type rustique ou d'époque. La cour à bois de votre voisinage a certainement en stock des panneaux bouvetés et des planches à baguettes qui évoquent les plafonds des portiques d'autrefois et qui sauront donner une délicieuse touche ancienne à une cuisine contemporaine. Avant toutefois de vous lancer dans une telle entreprise, assurez-vous que votre projet de décoration s'harmonise avec l'architecture de la maison en général et le style de la cuisine en particulier.

À GAUCHE : Difficile de dire que ces poutres apparentes, qui font le charme d'une cuisine d'allure rustique, viennent d'être ajoutées.

PAGE SUIVANTE EN HAUT : Des carreaux de plâtre suspendus de 2 piieds de côté ajoutent une nouvelle dimension à la pièce.

PAGE SUIVANTE EN BAS À GAUCHE : Un plafond de tôle embossée de style ancien met en valeur cette cuisine de conception traditionnelle.

PAGE SUIVANTE EN BAS À DROITE : Un plafond de planches qui évoque le souvenir des porches d'autrefois.

5

La cuisine est le cœur de la maison et les appareils ménagers sont le cœur de la cuisine. Mais, accrochez-vous bien, car à ce chapitre, vous trouverez aujourd'hui assez de choix et d'innovations pour vous donner le tournis! D'abord, l'apparence extérieure a changé. Plusieurs appareils sont tellement bien finis qu'on dirait des meubles! Autre tendance : la commodité. Vous pouvez personnaliser vos équipements de manière à les adapter à vos habitudes culinaires, mélanger et combiner les sources de chaleur, commander des fonctions qui font une bonne partie du travail à votre place… tout cela en économisant l'énergie. Mais avant de commencer votre tournée de magasinage, vous auriez avantage à vous fixer un budget approximatif et à déterminer précisément quels sont vos besoins.

Les gros appareils

❚ cuisson ❚

❚ évacuation des fumées ❚

❚ réfrigération ❚

❚ lavage de la vaisselle ❚

❚ lessive ❚

Tout le monde adore les appareils de cuisson à l'allure « pro ». Ce modèle, qui a 36 po de largeur, comporte quatre éléments chauffants et un grand four. Il peut se glisser facilement dans une aire de travail de taille modeste.

Malgré un style de vie de plus en plus trépidant, nous tenons pour la plupart à préparer nos repas à la maison. Et les fabricants d'appareils font de leur mieux pour nous faciliter la tâche. On produit aujourd'hui des cuisinières et des fourneaux capables de cuire et de rôtir les plats les plus divers en une fraction du temps requis auparavant. L'approche client pratiquée par les fabricants permet de personnaliser ces appareils selon le style culinaire de chacun, en utilisant le gaz ou l'électricité, ou une combinaison des deux. L'influence des appareils de type professionnel, toujours forte après plus d'une décennie, se retrouve dans le style des cuisinières, plaques de cuisson et fours conventionnels, et dans les fonctions offertes, notamment le réglage précis de la température. Par exemple, les brûleurs à

Cuisson

double réglage d'intensité, de type commercial, permettent aussi bien de faire « sauter » la viande en y appliquant 15 000 BTU de chaleur vive ou de faire fondre un carré de chocolat sous un feu doux d'à peine 500 BTU (BTU signifie British Thermal Unit, unité britannique de mesure de la production de chaleur). Une cuisinière à double alimentation énergétique combinera des brûleurs au gaz et un four électrique, tandis qu'une plaque de cuisson d'appoint pourra comporter des éléments au gaz et à l'électricité. Dans les cuisines où deux « cuistots » se partagent la tâche, on pourra prévoir des mini-postes de cuisson qui, selon les besoins, comporteront un ou deux brûleurs, un cuiseur à vapeur, un grill ou une friteuse. Les tiroirs-réchauds, de nouveau à la mode, sont particulièrement appréciés par les familles qui ont des horaires discordants ou qui reçoivent beaucoup. Mais la vitesse et la commodité ne doivent pas faire oublier l'aspect qualité, toujours primordial. Achetez la meilleure qualité pour le prix que vous pouvez payer, même s'il faut sacrifier quelques fonctions secondaires.

PAGE PRÉCÉDENTE À GAUCHE EN HAUT: Cette cuisinière de style commercial comporte tout ce qu'un fervent de cuisine peut souhaiter: deux fours et six brûleurs réglables à des niveaux précis.

PAGE PRÉCÉDENTE EN BAS À GAUCHE: Une cuisine éclectique combine une nouvelle cuisinière d'allure ancienne et des fours muraux dernier cri.

PAGE PRÉCÉDENTE: Bien équipée pour la cuisson et le divertissement, cette pièce comprend une plaque de cuisson, deux fours muraux, un micro-ondes et une hotte de forte puissance.

les **c**uisinières

Les cuisinières sont offertes en plusieurs styles. Les côtés des appareils peuvent être ouverts: ils seront alors glissés entre deux armoires (ci-dessous) ou déposés sur une base assortie aux armoires (en bas); ce sont les moins chers. Leurs côtés peuvent être finis: on dira alors qu'ils sont autoportants.

CI-DESSUS: Un poêle restauré des années 1930 qui fera vibrer les nostalgiques.
CI-DESSOUS À GAUCHE: Cette « cuisinière réfrigérée » garde les aliments au frais toute la journée jusqu'à ce qu'un programme lance automatiquement la cuisson.
CI-DESSOUS À DROITE: Une cuisinière dotée de deux fourneaux permet de préparer des plats exigeant des températures de cuisson différentes.

PAGE SUIVANTE EN HAUT : Dans une cuisine de taille modeste, on a opté pour une plaque de cuisson en verre-céramique très rectiligne qui s'inscrit dans le plan du comptoir et un four pleine grandeur encastré qui dégage l'aire de travail.

PAGE SUIVANTE EN BAS À DROITE : L'amateur de bonne chère qui a imaginé cette cuisine a combiné une plaque de cuisson au gaz à cinq brûleurs – très prisée des connaisseurs – et un four intégré à l'allure nettement contemporaine.

CI-DESSUS : Les brûleurs scellés, comme ceux-ci, sont faciles à nettoyer et plus sûrs, dans la mesure où ils empêchent les liquides de s'introduire dans le boîtier de l'appareil.

À DROITE : Cette plaque au gaz de style professionnel compte six grilles monobloc en fonte qui offrent une plus grande surface de cuisson et permettent de déplacer les casseroles sans les soulever, ce qui peut éviter bien des accidents.

les **p**laques de **c**uisson

Les plaques de cuisson au gaz (ci-contre en haut) démarrent instantanément, cuisent de manière égale et sont faciles à régler. **Les plaques de cuisson électriques** en spirale se réchauffent rapidement mais se refroidissent lentement ; elles coûtent moins cher que les plaques au gaz, mais peuvent être plus chères à utiliser. **Les plaques en verre-céramique,** aussi électriques (ci-contre en bas), démarrent très rapidement, et leur surface de verre lisse est facile à nettoyer. **Les plaques à induction** et **les plaques à éléments halogènes** sont recouvertes d'une surface vitrée et cuisent les aliments en réchauffant la casserole, et non la plaque de cuisson. Comme les appareils au gaz, les plaques à induction répondent rapidement aux commandes et permettent un réglage précis des températures, mais elles coûtent plus cher et exigent l'utilisation de casseroles d'un type particulier.

Une idée géniale

Brûleurs à double intensité

Une nouveauté pratique qui vous permettra de réchauffer tout doucement votre sauce au chocolat favorite.

À GAUCHE : On peut obtenir sur commande des plaques compactes qui combinent, par exemple, une unité verre-céramique à deux brûleurs et un cuiseur à vapeur.

CI-DESSUS : Les amateurs de steak-frites seront comblés par cet ensemble qui associe un gril et une friteuse.

PAGE SUIVANTE : Ce poste de cuisson bi-énergie comprend un brûleur au gaz haute performance, un cuiseur à vapeur et une plaque électrique.

une **p**laque de **c**uisson sur **m**esure

De nos jours, le montage d'un centre de cuisson multifonction fait autant appel à l'imagination que la cuisson elle-même. Le concept de pôle, importé d'Europe, est à l'origine de la création de petits centres de cuisson qui peuvent contenir plein de choses : un brûleur au gaz, un élément électrique, un gril, une crêpière ou toute combinaison de ces appareils. Le même concept est applicable aux grandes plaques de cuisson. Vous pourrez ainsi vous aménager un centre de cuisson qui répond exactement à vos besoins et peut-être même le compléter par un poste secondaire, pour un deuxième cuisinier ou pour la préparation des repas-minute.

CI-DESSUS : Avec ce micro-ondes en inox doublé d'un four à convection, on peut cuire, roussir, rôtir ou griller les aliments jusqu'à cinq fois plus rapidement qu'avec un four conventionnel.

À GAUCHE : Une grille extensible permet de retirer mécaniquement les aliments du four pour les arroser ou les tourner sans risque de brûlures.

À DROITE : Ces trois fours superposés économisent espace et déplacements. On dégèle les aliments au micro-ondes, on les cuit dans le four conventionnel et on les garde au chaud dans le tiroir-réchaud.

PAGE SUIVANTE : Un four à bois semblable à celui de nos grand-mères, qui donne un goût exquis aux rôtis, légumes, tartes, etc.

À DROITE ET À L'EXTRÊME DROITE : Cette cuisine a tout pour plaire ! Le très polyvalent tiroir-réchaud électrique garde les aliments cuits à la bonne température ou… fait lever la pâte du pain. Le centre de cuisson comprend en outre une plaque de cuisson de type commercial, un micro-ondes et deux fours muraux.

les **f**ours

Les fours conventionnels au gaz ou à l'électricité cuisent les aliments par l'intermédiaire de l'air présent dans l'enceinte du four. Les fours électriques à convection, plus chers, sont en plus dotés d'un ou de plusieurs ventilateurs qui permettent de roussir ou de cuire les aliments plus rapidement et également. Les fours à vapeur cuisent les aliments rapidement et, disent certains, plus sainement. Les micro-ondes – option la moins chère – cuisent les aliments très rapidement, mais ne peuvent les faire rôtir. Vous êtes pressé? Les nouveaux fours rapides, qui combinent le micro-ondes et le four à convection, cuiraient jusqu'à huit fois plus rapidement que les fours conventionnels. Plus rapides encore – et plus chers – sont les appareils qui utilisent surtout la lumière (lampes halogènes haute intensité) pour cuire les aliments. Ils font cuire et rôtir les aliments quatre fois plus vite que les fours conventionnels, mais vous devrez procéder par essais et erreurs pour découvrir la bonne durée de cuisson, à moins que les temps de cuisson pour les plats que vous préparez aient déjà été programmés dans la mémoire de l'appareil.

▌ évacuation des fumées

Ce qui compte réellement dans une hotte de cuisine, bien plus que son apparence, c'est sa capacité d'extraire efficacement les fumées produites par la cuisson. On mesure la puissance du ventilateur aspirant de la hotte en pieds cubes par minute (pi^3/min). Voici quelques lignes directrices qui vous aideront à déterminer la puissance du ventilateur dont vous avez besoin. La méthode est simple : il suffit de multiplier la valeur recommandée en pi^3/min par la longueur en pieds de la surface de cuisson. À noter que la longueur du conduit d'évacuation, le nombre de coudes dans le tracé du conduit et l'emplacement du moteur du ventilateur auront une influence sur la puissance réelle dont vous avez besoin.

▌

Cuisinières et plaques de cuisson adossées à un mur
Utilisation légère : 40 pi^3/min
Utilisation moyenne ou intensive : 100 à 150 pi^3/min

▌

Cuisinières et plaques de cuisson implantées dans un îlot ou une péninsule
Utilisation légère : 50 pi^3/min
Utilisation moyenne ou intensive : 150 à 300 pi^3/min

CI-DESSUS : Cette imposante hotte décorée d'une enveloppe de bois aux accents traditionnels n'aura aucun mal à extraire les fumées provenant de l'îlot sous-jacent.

▌

À GAUCHE : Hotte à l'allure dépouillée plus moderne qui s'harmonise bien avec divers styles de cuisinières ou plaques de cuisson.

▌

À DROITE : Bel exemple de combinaison assortie hotte-dosseret à la patine artificiellement colorée.

la **v**entilation

Les systèmes de ventilation n'attirent pas l'attention autant que les plaques de cuisson haut de gamme, mais sans eux, votre cuisine va dégager de vilaines odeurs après quelques jours d'utilisation seulement. Une hotte suspendue directement au-dessus de la surface de cuisson est la façon la plus efficace d'extraire les fumées, la graisse et les vilaines odeurs qui se dégagent de la cuisson. La hotte s'empare des fumées à mesure qu'elles s'élèvent et ses ventilateurs aspirants les expulsent vers l'extérieur par l'entremise d'un conduit. Le pied de la hotte doit se trouver à une hauteur comprise entre 24 et 30 po au-dessus des foyers de la surface de cuisson et déborder de cette surface de 3 po sur les quatre côtés.

La ventilation par aspiration par le bas (sans hotte), qu'on trouve souvent sur les plaques de cuisson installées en îlot, tire l'air au-dessus des brûleurs et le fait passer par un filtre, puis l'expulse par l'entremise d'un conduit. Le système n'est pas aussi efficace qu'une hotte, mais nettement meilleur qu'un ventilateur fonctionnant en circuit fermé.

CI-DESSUS : Les cuisinières style restaurant exigent des hottes surdimensionnées et des systèmes de ventilation puissants.

CI-DESSUS À DROITE : Une hotte à flancs droits de style professionnel complète admirablement bien cette plaque de cuisson.

À DROITE : Dans certaines configurations, il faudra recourir à une ventilation par le bas.

À GAUCHE : Un mur en carreaux de céramique imitation brique et une hotte taillée sur mesure donnent à ce centre de cuisson un petit air confortable.

CI-DESSOUS À GAUCHE : Le motif de la hotte assorti à celui des murs et le dosseret métallique ajoutent plein de charme au centre de cuisson.

CI-DESSOUS : Le revêtement de plâtre de la hotte et la murale en carreaux de céramique du dosseret donnent à l'ensemble une allure « vieux pays ».

PAGE SUIVANTE EN HAUT À GAUCHE ET À DROITE : Ces deux centres de cuisson conçus sur mesure – du genre âtre, d'inspiration européenne –, illustrent une tendance qui gagne en popularité.

L'incontournable hotte du nouveau centre du foyer

CI-DESSOUS À GAUCHE ET À DROITE : Deux exemples d' « âtres », versions contemporaines, le premier (à gauche) avec une hotte de style manteau de cheminée et le second (à droite) avec une horloge. Notez la finesse de l'ornementation.

CI-DESSUS : Superbe réalisation intégrant, dans un mur d'armoires couleur or, un réfrigérateur à compartiments juxtaposés de 24 po de profondeur, doté de portes calquées sur celles des armoires voisines.

CI-DESSUS À DROITE : Dans ce modèle combiné au fini inox brossé, le congélateur occupe le haut et comprend un distributeur d'eau filtrée et de glace monté dans la porte de l'appareil.

À GAUCHE : Cet appareil à l'allure ultramoderne doté d'une porte à la française comporte un tiroir de congélateur à bascule qui facilite l'accès aux aliments congelés. Les deux portes supérieures s'ouvrent sur les étagères d'aliments frais.

Réfrigération

Les réfrigérateurs et les congélateurs ont connu au fil du temps de nettes améliorations. Les appareils d'aujourd'hui ont une allure soignée et des caractéristiques innovatrices qu'on pouvait à peine imaginer il y a dix ans… avec, en prime, les économies d'énergie. L'avancée la plus spectaculaire est sans doute la possibilité de personnaliser les appareils en fonction des besoins de chacun.

Comme toujours, vous avez le choix entre un réfrigérateur et un congélateur distincts, ou la formule plus courante du réfrigérateur et du congélateur réunis dans un même appareil. Les modèles combinés offrent plusieurs options: réfrigérateur et congélateur côte à côte (tandem), congélateur en haut/réfrigérateur en bas, congélateur en bas/réfrigérateur en haut. Les configurations tandem permettent d'accéder facilement aux aliments frais et congelés, mais seuls les plus gros modèles acceptent les articles plus encombrants. Les modèles à congélation en bas vous obligent à vous pencher pour avoir accès aux aliments congelés; c'est le contraire avec les modèles qui congèlent à la partie supérieure, de sorte que votre décision dépendra peut-être du type d'aliments que vous consommez de préférence. Vous pouvez également renoncer à un gros appareil et répartir la fonction réfrigération entre plusieurs modules et appareils plus petits insérés à divers endroits sous les comptoirs de la cuisine.

Il y a de belles innovations également à l'intérieur des appareils, qu'il s'agisse de l'utilisation de l'espace ou de la fonction de réfrigération comme telle. Le rangement des aliments est plus souple et plus « personnalisable ». Certains modèles comportent de l'espace pour les grands plats de service, les bouteilles de vin ou les boissons gazeuses grand format, les aliments congelés volumineux et autres articles qu'il fallait auparavant « pousser » dans le frigo. Les étagères relevables se déplacent sans effort et les étagères coulissantes permettent d'atteindre facilement les articles rangés au fond du réfrigérateur. Certains modèles sont équipés de deux thermostats ou même de deux compresseurs, ce qui vous permet de contrôler séparément le niveau d'humidité dans les compartiments congélation et réfrigération, de sorte que vous n'aurez plus à sacrifier la laitue pour que la crème glacée reste ferme. Autre avantage: les odeurs ne migrent pas d'un compartiment à l'autre. Le compartiment des aliments frais peut être divisé en plusieurs zones à température distincte, pour conserver les diverses denrées – fruits, viandes, laitages, boissons – à une température optimale. Les fonctions express de certains appareils permettent de refroidir les aliments très rapidement ou de les décongeler en la moitié du temps.

Les réfrigérateurs – notamment les appareils haut de gamme – comptent désormais parmi les éléments décoratifs de la cuisine. Certains appareils finis inox ont cette allure commerciale que plusieurs recherchent. On trouve aussi des appareils style 1950 à la technologie ultramoderne et dont la finition extérieure colorée ne peut manquer d'attirer le regard. D'autres préfèrent au contraire que le réfrigérateur se mêle au reste du décor et dans ce cas, ils pourront commander un appareil qui s'intégrera au style des armoires voisines ou un appareil de 24 po de profondeur qui sera inséré dans l'alignement des armoires ou dissimulé derrière des portes d'armoire.

À GAUCHE : Dans une cuisine de style traditionnel, l'utilisation de panneaux permet de dissimuler ce réfrigérateur parmi les armoires adjacentes.

À DROITE : L'harmonisation des appareils ménagers avec les armoires est une façon de concevoir le décor d'une cuisine, mais comme on le voit ici, l'insertion d'appareils revêtus d'inox ne rompt pas nécessairement le charme boisé et l'élégance d'une composition de style rustique.

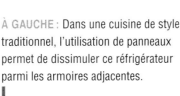

le **f**roid sur **m**esure

À l'époque, le réfrigérateur régnait en maître. On mettait l'appareil – généralement combiné et encombrant – dans un endroit central et on organisait les activités de la cuisine en fonction de ce point de ralliement. Aujourd'hui, grâce à la souplesse des modules de réfrigération qui s'installent à peu près n'importe où, on s'est libéré des contraintes de ce mammouth immobile, une bénédiction pour les cuisines où évoluent plusieurs cuistots. Désormais, toutes les options sont envisageables pour faciliter le service, par exemple glisser une armoire réfrigérée et une machine à glaçons sous le comptoir du bar ou ajouter un tiroir de réfrigération ou de congélation à proximité d'un poste de cuisson satellite. Place donc à l'imagination !

Des frigos richement dissimulés |||||||||||||||||||||||||||||||||||||

PAGE PRÉCÉDENTE À L'EXTRÊME GAUCHE : Semblable à première vue à un meuble à la fière allure, ce réfrigérateur sur mesure est revêtu de panneaux assortis aux armoires voisines. La partie supérieure est destinée aux aliments frais, la section médiane reçoit les boissons et le tiroir inférieur est un congélateur doublé d'une machine à glaçons.

CI-DESSUS À GAUCHE ET À DROITE : En position fermée, ces tiroirs ressemblent au reste des armoires, mais en les ouvrant, on découvre un petit réfrigérateur avec congélateur et une machine à glaçons en partie basse, la combinaison parfaite pour un bar ou un poste de préparation des boissons.

À GAUCHE : Pour alléger l'allure imposante de ce grand réfrigérateur de 48 po de largeur, on l'a recouvert d'élégants panneaux de bois qui s'harmonisent avec les armoires voisines.

À DROITE L'idée d'une porte vitrée – empruntée aux modèles commerciaux – est certes intéressante, mais elle oblige à maintenir un minimum d'ordre sur les étagères.

CI-DESSUS À GAUCHE ET À DROITE : L'utilisation d'un appareil peu profond (24 po) a permis d'obtenir cet alignement rectiligne du réfrigérateur avec les armoires voisines (voir la photo de profil).

À GAUCHE : Ce cellier réfrigéré encastré au centre de l'îlot central est une addition pratique qui ne gênera pas les déplacements du cuisinier.

CI-DESSUS ET À DROITE : L'installation, sous les comptoirs, d'armoires réfrigérées réservées à un usage particulier est une tendance forte. Ici, le réfrigérateur de boissons est complété par une machine à glaçons.

CI-DESSOUS : Ne laissez pas le style rétro et les couleurs des années 1950 vous tromper : ces appareils renferment les dernières innovations de la technologie du froid et offrent toutes les caractéristiques des appareils modernes, comme des étagères en verre anti-déversement et beaucoup de rangement à l'intérieur de la porte, dans un volume intérieur de 20,9 pi^3.

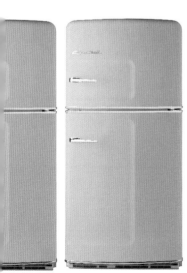

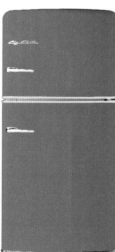

Lavage de la vaisselle

Selon une association américaine de fabricants d'appareils domestiques, le lave-vaisselle peut vous faire économiser jusqu'à quatre heures de travail par semaine. Vous serez à même de constater, lors de votre tournée des magasins, que d'importantes améliorations ont été apportées aux chapitres de l'efficacité énergétique et de l'insonorisation des appareils. Certains modèles récents utilisent moins de cinq gallons d'eau pour un cycle standard, tandis que d'autres chauffent l'eau de lavage plus rapidement. Certains appareils haut de gamme peuvent détecter la quantité de nourriture laissée sur les plats et choisir automatiquement la température et le nombre de cycles qui conviennent le mieux. Cette dernière caractéristique vous évitera d'utiliser à tout coup le réglage maximum, qui est aussi le plus énergivore.

Les modèles récents les mieux isolés seraient 50 % moins bruyants que leurs prédécesseurs (mais il existe une option bien plus simple, soit une commande temporisée qui permet une mise en marche tardive de la machine, à un moment où les tarifs d'électricité sont moins chers dans certaines régions). Les lave-vaisselle sont de deux tailles : 18 ou 24 po de largeur. Les grandes familles et celles qui reçoivent fréquemment choisiront de préférence la taille supérieure, et peut-être même un deuxième appareil, en appoint. Pour des charges habituellement plus légères, un appareil de 18 po ou même un tiroir lave-vaisselle compact devraient faire l'affaire. Diverses autres caractéristiques et options peuvent présenter un intérêt, dont les suivantes : grilles de soutien des verres à pieds, paniers fractionnés pour petites charges, nettoyage par zones, réglage du jet d'eau (fort, moyen et faible), capacité de surcharge et tiroirs jumelés. Faites votre choix en fonction de vos habitudes de cuisson et de nettoyage. Un conseil : lors de votre tournée des magasins, apportez avec vous quelques articles grand format ou de forme inhabituelle que vous lavez régulièrement pour vous assurer qu'ils rentrent facilement dans le lave-vaisselle que vous pensez acheter.

PAGE PRÉCÉDENTE EN HAUT À GAUCHE : Parfaitement adapté à une cuisine de style contemporain, ce lave-vaisselle se distingue par une façade bombée en inox et un bandeau de commandes tactiles.

PAGE PRÉCÉDENTE EN HAUT À DROITE : Un lave-vaisselle d'appoint a été intégré à l'îlot, face à l'évier.

PAGE PRÉCÉDENTE EN BAS : Ce lave-vaisselle à trois niveaux possède un bac inférieur qui peut recevoir les grands ustensiles et les casseroles.

CI-DESSUS ET CI-DESSUS À DROITE : Dans ces deux cuisines, des panneaux imitant le style des armoires dissimulent la façade des lave-vaisselle.

À DROITE : L'installation des commandes à l'intérieur de la porte permet de dissimuler complètement ce lave-vaisselle derrière un panneau imitant la porte d'une armoire.

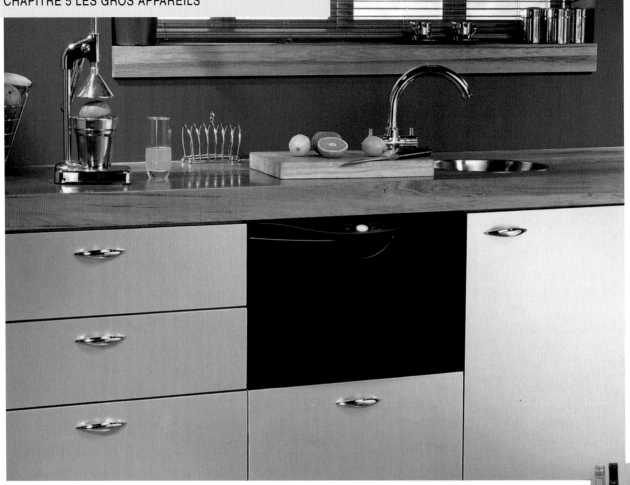

les **p**ériphériques de l'**é**vier

Situés à proximité ou dans l'évier, en combinaison avec le lave-vaisselle, les broyeurs et les compacteurs de déchets sont des ajouts commodes qui facilitent et accélèrent le nettoyage.

▍ **Les broyeurs de déchets** sont des appareils qui déchiquettent les restes organiques et les évacuent par le tuyau de vidange de l'évier. Les broyeurs à alimentation continue fonctionnent tant qu'ils reçoivent de l'eau froide et divers déchets, comme des épluchures, des pelures et autres restes de cuisine. Commandé par un interrupteur sur un mur voisin ou une armoire, ce type de broyeur est le moins cher. Les appareils à alimentation discontinue peuvent déchiqueter de une à deux tasses de restes à la fois. Ils sont commandés par un contacteur incorporé qu'on actionne en remettant en place la crépine sur l'ouverture du tuyau de vidange. Ces derniers appareils sont plus sûrs et plus chers. Avant d'installer l'un ou l'autre de ces appareils, assurez-vous qu'ils sont autorisés par le code du bâtiment local.

▍ **Les compacteurs de déchets,** qui mesurent de 12 à 15 po de largeur, sont disponibles en modèles autoportants ou à fixation sous le comptoir, et sont généralement placés près de l'évier principal ou d'un évier secondaire. On trouvera dans le commerce des nécessaires pour harmoniser cet appareil avec le reste des armoires. Les compacteurs réduisent les déchets inorganiques — boîtes de conserve, bouteilles, papier, matières plastiques et restes de nourriture sèche — au quart environ de leur taille d'origine, ce qui diminue d'autant le volume des déchets inorganiques à manutentionner. Si l'enlèvement des déchets dans votre ville est tarifée en fonction du nombre de sacs, l'achat d'un compacteur de déchets peut être profitable. Certains modèles comportent un dispositif de sécurité à clé, un verrou commandé au pied et un désodorisant automatique.

PAGE PRÉCÉDENTE EN HAUT : Dans une cuisine très achalandée, on a aménagé une zone secondaire de préparation des aliments qu'on a dotée d'un petit évier et d'un tiroir lave-vaisselle de faible capacité.

CI-DESSUS À GAUCHE : Ces deux tiroirs lave-vaisselle dont le fini s'harmonise avec les armoires voisines fonctionnent indépendamment pour le traitement économique de petites charges et de lots d'articles délicats.

À GAUCHE : Voilà un tiroir lave-vaisselle qui s'avérera pratique pour le traitement des tasses et des verres au comptoir de préparation des boissons.

CI-DESSUS : Avec deux lave-vaisselle – sous forme conventionnelle ou de tiroirs – dans la cuisine, vous vous dispenserez à jamais de la corvée du rangement de la vaisselle dans les armoires.

CI-DESSUS : Autoportante ou encastrée dans les armoires de cuisine, une penderie « valet de chambre » est l'équivalent d'un nettoyeur à sec à domicile.

CI-DESSOUS À GAUCHE ET AU CENTRE : Les tandems à chargement frontal, côte à côte ou superposés, sont particulièrement indiqués pour les installations de lavage du linge intégrées aux cuisines.

CI-DESSOUS À DROITE : Par souci d'uniformité, on s'efforcera d'utiliser le même type d'armoire dans les deux pièces lorsque la salle de lavage est visible depuis la cuisine.

Lessive

V ous passez beaucoup de temps dans la cuisine, alors pourquoi ne pas y faire aussi votre lessive? C'est une idée pleine de bon sens et c'est certainement mieux que de faire l'aller-retour au sous-sol avec une corbeille pleine de linge. Dans une cuisine de bonnes dimensions, vous arriverez sans doute à glisser une laveuse et une sécheuse (de 48 à 58 po de largeur pour des machines pleine grandeur posées côte à côte), mais il faut que ces appareils soient situés à l'extérieur de la zone principale de préparation des aliments, de façon à ne pas entraver les activités qui s'y déroulent. Il faut prévoir aussi de l'espace de rangement pour les savons et détergents. Les modèles à chargement frontal dotés d'un tableau de commande à l'avant peuvent être glissés sous un comptoir, ce qui laissera de l'espace sur le comptoir pour plier le linge ou agrandir l'aire de travail de la cuisine. Autre possibilité : dissimuler deux appareils superposables à l'intérieur d'une armoire. Les appareils à chargement par le haut trouveront aussi place dans une cuisine de bonne taille, mais comme on ne peut les glisser sous un comptoir, ils risquent de briser le profil rectiligne des lieux à moins qu'on puisse les dissimuler derrière des portes pliantes ou escamotables de garde-manger qui n'entravent pas le couloir adjacent. Et tant qu'à faire, pourquoi pas un poste de repassage dissimulé à l'intérieur d'une armoire?

CI-DESSOUS : Voici une coquette salle de lavage sise à deux pas de la cuisine dont elle prolonge les motifs des comptoirs et du couvre-plancher.

6

Les choses ont bien changé depuis votre dernière visite à la quincaillerie pour un évier de cuisine. Les éviers standard en porcelaine ou en inox sont toujours en montre, mais les choix sont désormais beaucoup plus vastes, qu'il s'agisse de la taille des appareils, de leur profondeur, de leur configuration, de leur couleur et des matériaux utilisés pour leur fabrication. Les robinets, également, sont offerts dans une gamme de finis et de caractéristiques plus large que jamais. L'apparence a changé, mais le rôle fondamental de l'évier reste toujours le même, d'où l'importance de choisir un matériel à la fois efficace, durable et agréable à voir.

Les éviers et robinets

 éviers

robinets

Le lavage des casseroles est un charme avec ce tandem d'éviers en acier inoxydable. Les élégants robinets en col de cygne sont complétés par des accessoires pratiques, comme une douchette et un distributeur de savon.

Voici une règle simple et sûre pour vous guider dans le choix d'un évier : déterminez d'abord quels sont vos besoins, puis pensez au style. Avec le choix dont on dispose aujourd'hui, vous n'aurez pas à sacrifier l'un pour l'autre. Quant à la taille et au nombre d'éviers, voici un critère commode proposé par la National Kitchen & Bath Association des États-Unis : une cuve standard de 22 x 24 po convient à une cuisine de 150 pi^2 ou moins. Pour des superficies supérieures, on choisira une cuve simple plus grande, ou un évier à deux ou trois cuves.

Si vous n'avez pas magasiné récemment pour des éviers, vous serez étonné par le choix. Et vous serez peut-être surpris d'apprendre que des cuisines, même modestes, possèdent deux ou trois éviers. Il y a l'évier principal, situé au cœur de la zone de travail, près du lave-vaisselle, qui sert surtout au lavage des aliments et des plats. On pourra y ajouter un évier satellite, souvent à l'écart du centre d'activité et réservé à un deuxième cuisinier ou à un invité obligeant qui voudra donner un coup de main. Ce deuxième évier est une quasi-nécessité si plus d'une personne travaillent régulièrement à la cuisine. Si vous avez une grosse famille ou recevez souvent, vous voudrez peut-être ajouter un évier de bar où les invités pourront préparer leurs boissons sans gêner les mouvements du ou des cuisiniers. Il vous suffira alors d'ajouter une cafetière à proximité et un réfrigérateur sous le comptoir pour vous doter d'un centre de préparation des boissons.

Éviers

À moins de choisir un évier de forme inhabituelle, très grand ou en matériaux rares — comme la pierre naturelle, le béton, le cuivre, le laiton, l'argile réfractaire ou la céramique fait main —, les prix restent raisonnables. Pour quelques centaines de dollars de plus, vous aurez droit à un modèle de qualité supérieure à une ou deux cuves en porcelaine, en acier inoxydable ou en matériau composite. Il faudra ajouter quelques centaines de dollars de plus pour obtenir un évier en couleur, en pierre de synthèse ou doté de plusieurs cuves, et un autre supplément pour un bandeau de style champêtre, quel que soit le matériau choisi.

PAGE PRÉCÉDENTE EN HAUT ET EN BAS : Ici, l'évier principal de style champêtre est divisé en deux. Le côté gauche sert à rincer les plats qui seront confiés au lave-vaisselle voisin, tandis que le côté droit est utilisé pour laver les plats de service et faire tremper les casseroles. Un autre évier, plus petit, utilisé pour la préparation des aliments et des boissons, a été ajouté dans l'îlot en face.

À DROITE EN HAUT ET AU CENTRE : Dans cette autre configuration à plusieurs éviers, l'évier principal se trouve intégré à l'îlot de travail et un évier de bar a été ajouté à l'autre bout de la pièce. Des robinets à col très haut donnent du panache et une grande liberté de mouvement.

CI-DESSOUS : Un bel évier profond de style champêtre avec bandeau finement décoré rehausse une cuisine rustique qui baigne dans la lumière du jour. De l'autre côté d'un large couloir de circulation, se trouvent un îlot et son évier plus modeste destiné à un deuxième cuisinier.

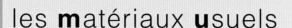

les **m**atériaux **u**suels

Quand vient le temps de choisir un évier de cuisine, vous pouvez bien sûr opter pour des matériaux de prestige, comme la pierre, la porcelaine peinte à la main ou même le verre. Mais si vous penchez plutôt vers un choix plus conventionnel, il existe un certain nombre de matériaux qui ont fait leurs preuves.

Le fini familier de la porcelaine blanche et brillante sur une base en fonte ne manque pas d'attrait pour plusieurs, un choix d'autant plus justifié qu'on peut maintenant l'obtenir dans une myriade de couleurs. Le problème des taches n'en est pas vraiment un puisqu'on peut généralement les faire disparaître sans peine. L'**acier inoxydable,** parfaitement assorti aux appareils tendance d'allure professionnelle, est un matériau abordable, d'entretien facile et durable ; on choisira une épaisseur de calibre 18 ou 20, qui garantit force et durabilité, et un fini satiné, qui dissimulera la plupart des taches et éraflures. Les autres métaux, comme le **cuivre** et le **laiton,** ont fière allure mais exigent beaucoup de soin et de polissage. Utilisés seuls ou intégrés à un comptoir, les matériaux de synthèse sont disponibles dans une large gamme de couleurs et d'imitations pierre. Ils sont chers, mais exigent peu d'entretien, les éraflures, rainures ou taches étant faciles à faire disparaître. Souvent utilisés dans des éviers tendance de style champêtre, le **béton** et la **stéatite** (pierre de savon) sont chers mais pratiquement indestructibles. La stéatite est offerte dans plusieurs couleurs qui rappellent la terre, tandis que le béton peut être teinté dans toutes les couleurs imaginables.

PAGE PRÉCÉDENTE : Le bandeau frontal en cuivre martelé de l'évier s'harmonise parfaitement avec l'allure « vieux pays » de la cuisine.

À GAUCHE EN HAUT ET AU CENTRE : Les éviers à deux cuves sont commodes dans les cuisines achalandées. L'évier de la photo du haut est en acier inoxydable, celui de la photo du bas est en matériau de synthèse.

CI-DESSUS : La vaisselle n'est pas une corvée dans cet évier décoré à la main en argile réfractaire non poreuse et durable.

EN BAS À GAUCHE : L'orifice de vidange décentré de cette cuve profonde en porcelaine en accroît le volume utilisable.

CI-DESSOUS : Un matériau tendance – le béton – pour un évier original.

À GAUCHE : Parce que les couleurs sont incorporées à la masse, les éviers en composite de granit ne se décolorent pas avec le temps. Ce bleu profond et brillant est l'une des nombreuses teintes offertes dans ce matériau.

CI-DESSUS : Le composite de quartz de cet évier à deux cuves ressemble à s'y méprendre à de la pierre véritable, sauf qu'il n'en a pas le prix. La petite cuve est très pratique pour rincer fruits et légumes.

À GAUCHE EN BAS : Voici un évier de composite de granit très long, parfait pour le lavage de gros articles comme les casseroles et les plats de service. L'orifice de vidange décentré facilite encore plus la chose.

PAGE SUIVANTE : Les éviers en matériau composite se prêtent à toutes les configurations et peuvent être montés sous un comptoir ou encastrés dans celui-ci. Ce modèle encastré est un composite de granit, disponible en noir (photo), blanc, ivoire, gris et autres teintes imitant la pierre.

les **c**omposites : **t**rois **g**randes **f**amilles

Depuis qu'on a produit les premiers stratifiés de plastique dans un four de laboratoire au début du siècle dernier, les ingénieurs ont rivalisé d'imagination pour obtenir l'apparence et la dureté de la pierre, à des coûts bien moindres. Exemples de ces nouveautés : les composites, qui se divisent en trois grandes familles.

Les polyesters/acryliques sont les moins chers et les moins durables des trois. C'est un produit dont la surface est relativement tendre, de sorte qu'elle se raie et qu'elle se tache facilement. En revanche, si votre budget est serré, vous aimerez son prix, sa surface brillante et ses couleurs vives.

Les composites de quartz, mélanges de quartz concassé et de résine, sont durables et résistent à la plupart des taches et des éraflures. Leur prix modéré et leurs couleurs terreuses ou au contraire, brillantes – y compris un bleu lumineux et un jaune strident –, en font des produits intéressants.

Les composites de granit, mélanges de granit concassé et de résine, sont les plus chers et les plus durables, capables de résister aux éclats, aux éraflures, aux taches et aux brûlures. Ils sont offerts dans une vaste gamme de couleurs et dans plusieurs teintes neutres.

Des imitations pierre qui feront sensation

PAGE PRÉCÉDENTE : Cet évier-comptoir monobloc est en béton. Une élégante cloison incurvée sépare les deux cuves. La plaque de rinçage coulissante est en inox.

À GAUCHE : Un évier en porcelaine blanche à rebord incorporé s'intègre tout naturellement au décor de cette cuisine traditionnelle.

CI-DESSOUS : Le bandeau frontal de cet évier immaculé monté sous le comptoir se détache superbement des armoires voisines.

À DROITE : Ici, l'évier en acier inoxydable est monté sous le comptoir en granit, une disposition fréquente dans des cuisines de style traditionnel, mais aussi contemporain.

les **d**ivers **t**ypes d'**i**nstallation

Les éviers encastrés sont les moins chers et les plus répandus. Disponibles dans tous les matériaux, ils sont déposés dans une ouverture du comptoir et retenus en place par leurs rebords qui s'appuient sur la surface du comptoir. Leur désavantage : l'eau, les miettes de pain, divers autres débris et les germes peuvent s'accumuler au point d'appui du rebord sur le comptoir.

Les éviers à montage inférieur se fixent sous le comptoir. Leurs bords sont invisibles et ils permettent une transition discrète entre le comptoir et la ou les cuvettes. Il est important dans ce type d'installation que le matériau du comptoir soit imperméable, de façon à éviter le gauchissement ou le soulèvement de la surface.

Les éviers intégrés sont faits du même matériau que le comptoir qui les porte ; ils présentent donc une allure fluide et continue et sont dépourvus d'interstices où les saletés pourraient s'accumuler. Ils sont constitués de toutes sortes de matériaux susceptibles d'être moulés, comme l'acier inoxydable, les produits de synthèse, les composites et le béton.

Les éviers à bandeau frontal sont fixés par le dessous mais comportent un bandeau frontal visible de l'extérieur. Ils peuvent être faits à partir de tous les types de matériaux couramment utilisés dans la fabrication des éviers.

À GAUCHE : Une alternative aux éviers à double cuve. On a ici deux cuves distinctes, l'une de taille courante pour le lavage et le rinçage de la vaisselle et une plus petite pour la préparation des légumes.

CI-DESSOUS À GAUCHE : Un grand évier à cuve unique – comme ce modèle en acier inoxydable – convient généralement à une cuisine de taille modeste.

À DROITE : Une idée empruntée aux cuisines des restaurants. Plusieurs cuisiniers ou aide-cuisiniers pourront s'affairer sans se nuire autour de cet évier en inox construit en longueur.

Une cuvette, deux cuvettes, trois cuvettes ? en rond, en long ?

CI-CONTRE À DROITE : Certains éviers à double cuvette comportent une grande cuvette combinée à une cuvette plus petite, une configuration pratique pour une cuisine achalandée.

PAGE SUIVANTE À L'EXTRÊME DROITE : Toutes les configurations sont possibles, pourvu qu'elles répondent aux besoins du cuisinier. Ici, une petite cuvette est flanquée de deux cuvettes de taille moyenne.

une idée géniale

un *évier* en longueur

Voilà l'outil tout indiqué pour attirer et divertir les invités dans la cuisine. On le remplit de glace et d'huîtres, on y ajoute quelques bouteilles de vin, et c'est parti !

CI-DESSUS : Le garde-manger annexe est l'endroit idéal pour aménager un évier de bar.

À DROITE ET CI-DESSUS À DROITE : Un superbe évier rond à montage inférieur est la pièce maîtresse de ce comptoir de préparation des boissons, qui comprend, en outre, un cellier réfrigéré, deux cafetières, un mini lave-vaisselle et des armoires pour le rangement des tasses et des verres.

PAGE SUIVANTE EN HAUT : Dans cette cuisine, l'évier de préparation des aliments occupe une position centrale, mais ne gênera pas les déplacements du ou des cuisiniers. Par souci d'uniformité, les robinets des deux éviers sont appariés.

PAGE SUIVANTE AU CENTRE ET EN BAS : Ces éviers de bar sont tellement petits que vous pouvez faire une petite folie et vous payer un robinet de luxe ou même un pétillant ensemble évier-robinet en cuivre martelé.

les **é**viers d'**a**ppoint

En plus de l'évier principal, implanté au cœur de la zone de lavage, on trouve de plus en plus d'éviers de préparation des aliments et d'éviers de bar comme équipements standard des cuisines.

Vous apprécierez grandement un évier de préparation des aliments si votre cuisine est grande, si elle accueille souvent deux cuisiniers et si vous recevez beaucoup. Particulièrement utiles lorsque deux cuisiniers se partagent la tâche ou qu'un invité est recruté d'office pour éplucher les légumes ou préparer une salade, les éviers de préparation doivent être situés à quelque distance de la zone principale de travail. Il s'agira généralement de modèles encastrés ou montés sous le comptoir, de petite taille, soit 9 po de diamètre lorsqu'ils sont ronds et jusqu'à 18 po de côté lorsqu'ils sont carrés, bien qu'on en trouve de plus petits. Étant donné que ces installations ne représentent pas un investissement important et qu'elles ne sont pas soumises à rude épreuve, vous pouvez vous payer un matériel plus fragile et quelque peu extravagant qui résiste moins bien à l'effort, comme des cuivres ou des laitons brillants, des céramiques peintes à la main ou des cuves en verre.

La popularité croissante des éviers de bar est la conséquence directe de la tendance contemporaine à utiliser la cuisine comme centre du foyer. Tandis qu'un cuisinier s'affaire autour de l'évier principal et qu'un de ses assistants nettoie les légumes à l'évier satellite, un troisième collaborateur utilise l'évier de bar pour préparer les boissons chaudes et froides qui feront patienter les invités.

dimensions **s**tandard des **é**viers

LES MESURES SONT EN POUCES

Type d'évier	Largeur	De l'avant à l'arrière	Profondeur de la cuve
Cuve unique	25	21-22	8-9
Double cuve	33, 36	21-22	8-9
Évier-broyeur latéral	33	21-22	8-9, 7
Triple cuve	43	21-22	8, 6, 10
De coin	17-18	21-11	8-9
	(dans chaque direction)		
Pour bar	15-25	15	5 ½ - 6

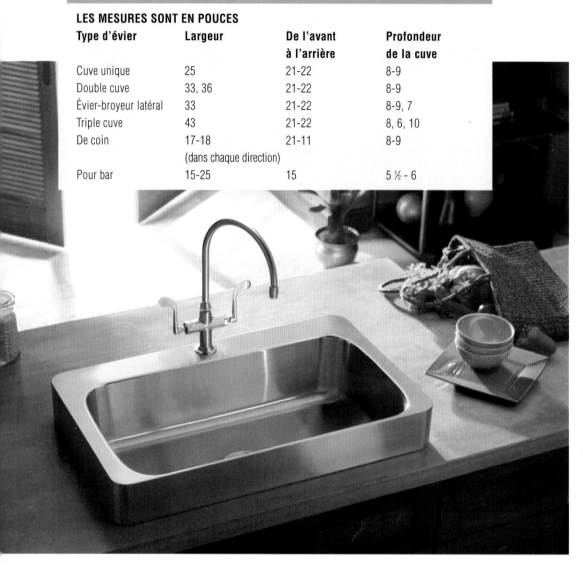

À GAUCHE : Cet évier original à cuve unique s'installe sur le dessus du comptoir.

CI-DESSUS À DROITE : Le champion toutes catégories : un évier à cuve unique assez profond pour accueillir tous les articles qui n'entrent pas dans le lave-vaisselle !

PAGE SUIVANTE EN HAUT À DROITE : Un minuscule évier de préparation qui pourra néanmoins s'avérer très utile.

PAGE SUIVANTE EN BAS À DROITE : Un robinet à chaque extrémité de l'évier et plein d'espace de chaque côté pour se déplacer : le rêve de tout mordu de cuisine.

le **c**hoix d'un **é**vier de **c**uisine

Vous serez peut-être d'abord tenté par l'apparence, mais pensez aussi et surtout à vos besoins pratiques. Si vous avez un lave-vaisselle, un grand évier à cuve unique pourra faire l'affaire. Ajoutez un évier d'appoint si la maisonnée comporte deux cuisiniers, à condition bien sûr d'avoir l'espace nécessaire. Vous n'avez pas de lave-vaisselle ? Il vous faudra un évier à deux cuves d'égale grandeur, ou un évier avec une grande cuve et une cuve de taille moyenne ou petite. L'évier à triple cuve, dont deux profondes pour le lavage et le rinçage et une plus petite pour les activités complémentaires, est l'article indiqué pour une cuisine dépourvue de lave-vaisselle et trop petite pour accueillir un évier d'appoint distinct. Si vous recevez souvent, l'évier de bar sera le bienvenu. Assurez-vous que vos éviers s'accordent avec le décor de la cuisine. L'inox, la pierre de synthèse et les matériaux composites s'adaptent bien à tous les styles. La porcelaine – blanche ou colorée – et le cuivre se marient très bien au style traditionnel ou rustique. Les éviers en béton ou en stéatite ont toujours fière allure : selon les autres composantes de la cuisine, ils présenteront un air rustique ou raffiné.

À GAUCHE : Un robinet à monocommande de style contemporain est complété par un distributeur d'eau chaude sur demande.

CI-DESSOUS : Ensemble robinet avec pulvérisateur escamotable et distributeur de savon présentant un superbe fini de bronze.

PAGE SUIVANTE EN HAUT : Dans une cuisine de style traditionnel, ce robinet en laiton fini satin affiche un bel air d'époque.

PAGE SUIVANTE EN BAS : Superbe réalisation tout inox comprenant un robinet encastré à deux poignées et un évier à l'allure résolument moderne.

Comme les éviers, les robinets d'aujourd'hui ont beaucoup de grâce et de panache. Mais avant de tomber en admiration devant leurs finis luxueux ou leurs formes originales, intéressez-vous à leurs caractéristiques. Les robinets sont soumis quotidiennement à rude épreuve, il est donc important qu'ils soient construits pour durer. Les meilleurs appareils sont faits de laiton massif ou d'un matériau à base de laiton, qui résiste bien à la corrosion. Le mécanisme de réglage du débit et d'obturation est également important. Les obturateurs à bille donnent de bons résultats dans les robinets à monocommande, tandis que les obturateurs à disque de céramique sont préférables dans les robinets à un ou deux leviers de commande. Méfiez-vous des robinets comportant des rondelles d'étanchéité et des pièces en caoutchouc : ils sont moins chers à l'achat, mais finiront par coûter beaucoup plus cher en frais d'entretien et devront être remplacés à courte échéance. Le fini des appareils est également important : il doit être garanti, normalement pour dix ans.

Le robinet avec pulvérisateur escamotable est devenu un accessoire tendance dont ne saurait se passer la cuisine moderne. Parmi les autres caractéristiques intégrées qui ont la cote, mentionnons les becs orientables à 180 degrés, les dispositifs antibrûlure et les systèmes de filtration de l'eau. Des accessoires complémentaires existent, qui s'installent en option, comme des pulvérisateurs latéraux, des distributeurs de savon et des distributeurs d'eau chaude sur demande. Mais ne vous laissez pas impressionner par la publicité. Demandez-vous d'abord si vous allez réellement les utiliser, et dans l'affirmative, assurez-vous que leur style et leur fini s'harmonisent avec les robinets et vérifiez que vos éviers comportent toutes les ouvertures nécessaires. Vérifiez enfin que vous avez le tamis et les pièces du mécanisme de vidange de l'évier, que vous devrez probablement acheter séparément.

Robinets

les **t**ypes de **m**ontage

Les robinets à montage en axe n'exigent qu'un seul orifice pour la fixation de l'appareil. Celui-ci comprend un bec verseur et deux manettes de commande réunies sur une base unique et séparées d'environ 4 po d'axe en axe. Ce sont les équipements les moins chers.

Les robinets à large pied exigent trois orifices et comportent trois pièces apparemment distinctes. Plus chers que les robinets à montage en axe, ces appareils comportent deux poignées (eau chaude / eau froide) séparées de 8 à 12 po d'axe en axe, le bec se trouvant au milieu.

Les robinets à fût unique regroupent le tube d'alimentation et un levier de commande unique de l'eau chaude et de l'eau froide dans un seul fût central et exigent donc un seul orifice dans l'évier.

Les robinets montés en bordure sont fixés sur le pourtour de l'évier ou sur le comptoir, près de l'évier.

Les robinets à montage mural sont fixés sur le mur, au-dessus de la cuve de l'évier ou, dans le cas des robinets à long col pour le remplissage des casseroles, au-dessus de la plaque de cuisson (voir page 168).

PAGE PRÉCÉDENTE EN HAUT : Ce robinet à montage en axe avec bec verseur orientable, doublé d'un distributeur d'eau chaude assorti, équipe superbement un évier à deux cuves.

PAGE PRÉCÉDENTE EN BAS À GAUCHE : Ce gracieux et compact robinet à monocommande convient parfaitement à un petit évier d'appoint.

PAGE PRÉCÉDENTE EN BAS À DROITE : Pour compléter un très bel évier blanc à bandeau frontal, on a choisi cet élégant robinet de style ancien monté au mur.

À DROITE : On voit ici un robinet à large pied doté de deux robinets, avec douchette latérale assortie, qui rehaussent le carrelage coloré du comptoir.

CI-DESSOUS : Cet appareil en passerelle au beau fini chromé, monté en bordure d'évier, est une reproduction d'un modèle de l'époque victorienne.

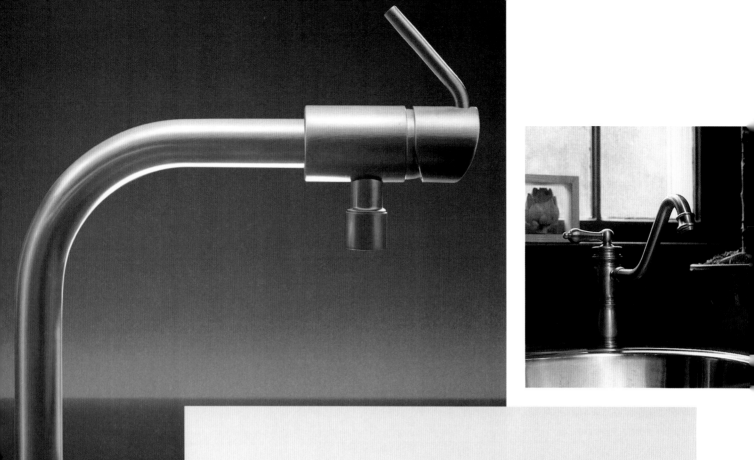

CI-DESSUS :
Superbement sculpté et raffiné, cet élégant robinet à monocommande en inox fini mat comporte une tête de pulvérisation amovible.

CI-DESSUS À DROITE :
Un robinet qui rappelle les pompes à eau d'antan et dont le petit air français s'accorderait très bien avec une cuisine de style traditionnel ou « vieux pays ».

À DROITE : Cet autre modèle, en inox, au profil gracieux, comprend un filtre à eau incorporé et est accompagné d'une douchette distincte.

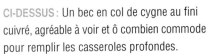

CI-DESSUS : Un bec en col de cygne au fini cuivré, agréable à voir et ô combien commode pour remplir les casseroles profondes.

À DROITE : Bel exemple de robinetterie chromée à l'allure ancienne qui va comme un gant à cet évier d'époque rénové.

à l'**a**ffût du **c**harme et du **s**tyle

Les robinets de cuisine d'aujourd'hui sont pleins de charme et de délicatesse, comme autant de petites sculptures. Certains sont résolument contemporains, d'autres admirablement d'époque, mais plusieurs restent inclassables. Pour maintenir l'unité de style de la pièce, cherchez un appareil qui respecte l'allure générale des autres éléments de la cuisine. Certains robinets s'adaptent à tous les styles, mais un modèle au profil très épuré semblera mal assorti au décor douillet d'une cuisine rustique, et vice-versa. Voici quelques autres critères à retenir lors du magasinage.

Types de commandes. Les appareils à deux poignées, manettes ou leviers sont très répandus, mais les monocommandes gagnent du terrain parce qu'ils permettent de régler plus efficacement la température et le débit. Les commandes à levier ou à lame sont les plus commodes parce qu'il n'est pas nécessaire d'exercer beaucoup de force pour les manœuvrer.

Types de becs. Les becs de type standard s'élèvent légèrement au-dessus de la base du robinet, mais les acheteurs semblent leur préférer les becs qui décrivent un arc élevé – dans des configurations traditionnelles ou contemporaines – sous lesquels on peut glisser facilement les casseroles profondes. Certains becs sont pivotants et peuvent être déplacés à volonté d'un côté à l'autre d'un évier à deux ou trois cuves.

Les prix. Vous pouvez obtenir un robinet pour moins de 100 $, mais pour un appareil de qualité comportant un certain nombre d'options, vous mettrez facilement le double ou le triple. Il faut compter environ 1000 $ pour un appareil présentant un des caractéristiques spéciales ou un fini plus recherché.

Compatibilité. Il vaut mieux acheter les éviers et les robinets en même temps et du même fabricant pour être certain qu'ils sont compatibles. Il ne faut pas supposer qu'un robinet s'harmonisera avec l'évier que vous avez choisi, à moins que le préposé à la quincaillerie ou le cuisiniste ne le vérifient eux-mêmes.

robinets à col articulé et douchettes

Les robinets à col articulé, empruntés au secteur de la restauration professionnelle et d'abord réservés aux mordus de la cuisine, sont maintenant de plus en plus répandus. Ces appareils commodes, montés sur le mur au-dessus de la cuisinière ou de la plaque de cuisson, permettent de remplir les grandes casseroles d'eau sur place plutôt que d'avoir à les transporter à partir de l'évier. Il s'agit généralement de modèles à levier unique qui fournissent de l'eau froide uniquement. La plupart comportent une double articulation, de sorte qu'on peut facilement les amener au-dessus de tous les brûleurs et les repousser ensuite près du mur. Les modèles haut de gamme possèdent deux poignées, l'une au niveau du bec et l'autre près du mur, ce qui évitera au cuisinier d'avoir à se pencher au-dessus des brûleurs pour ouvrir ou fermer le robinet.

Les douchettes, pratiques pour rincer les plats, les fruits et légumes et les cuves de l'évier, sont de deux types. Les douchettes latérales sont vendues séparément et montées à gauche ou à droite du robinet. Les robinets à douchette incorporée, détachable ou rabattable possèdent un tuyau flexible escamotable et fournissent un débit élevé. Les tuyaux en acier inoxydable sont les plus faciles à manœuvrer.

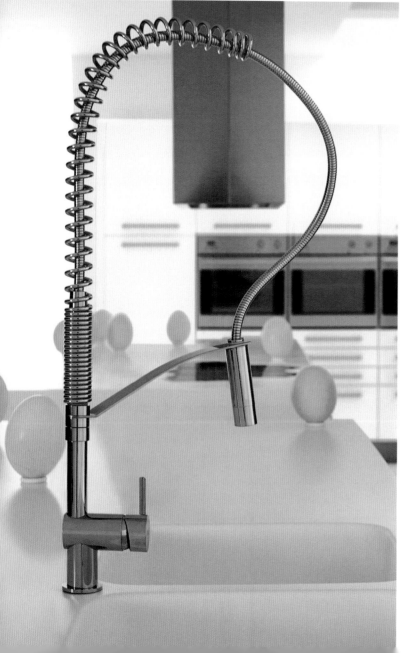

PAGE PRÉCÉDENTE À L'EXTRÊME GAUCHE : Lorsque le tuyau flexible est fixé à la patte de retenue, c'est un robinet ordinaire ; lorsqu'il est détaché, c'est une douchette qui peut être étirée au-delà de l'évier pour remplir des récipients posés sur le comptoir adjacent.

PAGE PRÉCÉDENTE EN HAUT : Les robinets de remplissage des casseroles sont très prisés des fervents de cuisine. Le modèle illustré possède un bec fixe et une manette à croisillon.

PAGE PRÉCÉDENTE EN BAS : Ce modèle en laiton satiné compte deux articulations pour plus de commodité.

CI-DESSUS : Voici un beau modèle à monocommande qui comporte une base chromée et une tête détachable émaillée blanc qui sert de douchette.

À DROITE : Le bras articulé de ce robinet permet de remplir les casseroles posées sur chacun des brûleurs.

CI-DESSUS : Ce robinet-douchette au fini étincelant en cuivre fait ressortir les lignes gracieuses de l'évier qui le porte.

CI-CONTRE AU SOMMET : Un robinet et ses accessoires affichent un élégant fini nickel satiné.

CI-CONTRE EN HAUT : Une douce patine embellit cet élégant robinet col de cygne au beau fini cuivre antique.

À DROITE : Le fini bronze brossé de ce robinet s'accorde parfaitement avec le comptoir en pierre naturelle.

des **f**inis qu'on **a**ime

Il fut une époque où les robinets de cuisine étaient exclusivement finis chrome. C'est un choix qui se défend toujours, tant au plan de la durabilité et de la résistance aux taches que du prix. Mais on a vu arriver récemment sur le marché toute une gamme de nouveaux finis attrayants. Si vous ne rechignez pas à investir un peu plus – au moment de l'achat et, plus tard, sous forme de temps pour l'entretien –, vous pouvez choisir un fini qui ajoutera une touche très spéciale à votre évier de cuisine.

Le fini qui fait sensation de nos jours est **l'acier inoxydable – l'inox,** en raccourci –, notamment parce que ce matériau accompagne bien les appareils ménagers de style professionnel, très en vogue, mais aussi parce qu'il est extrêmement durable et s'harmonise avec tous styles de robinets, contemporains ou traditionnels. Gagnent aussi en popularité **les finis bronze brossé à l'huile, les laitons finis mat** et **le cuivre antique,** en raison de l'allure ancienne et chaleureuse qu'ils dégagent et parce qu'ils complètent avec bonheur un décor « vieux pays ». Ils s'accordent aussi tout naturellement avec les éléments en pierre ou en béton. **Le laiton** garde ses adeptes. **Les finis en résine époxy,** offerts dans une vaste palette de couleurs vives et de teintes neutres, peuvent ajouter une note de gaieté à des cuisines de style rustique décontracté. Un fini en résine époxy noire convient à tous les styles et se marie particulièrement bien avec des appareils ménagers noirs ou en inox.

Les finis satin ou brossé ont la cote pour des raisons pratiques et esthétiques : ils ne laissent pas paraître les traces de doigts et les taches d'eau, très visibles sur les surfaces brillantes.

CI-DESSUS : Le chrome poli, à la mode depuis le tournant du siècle dernier, convient aussi bien aux robinets d'époque qu'aux appareils plus modernes, comme celui illustré ci-dessus.

À GAUCHE : Un robinet au fini en émail noir côtoie fièrement un élégant distributeur d'eau chaude fini chrome poli.

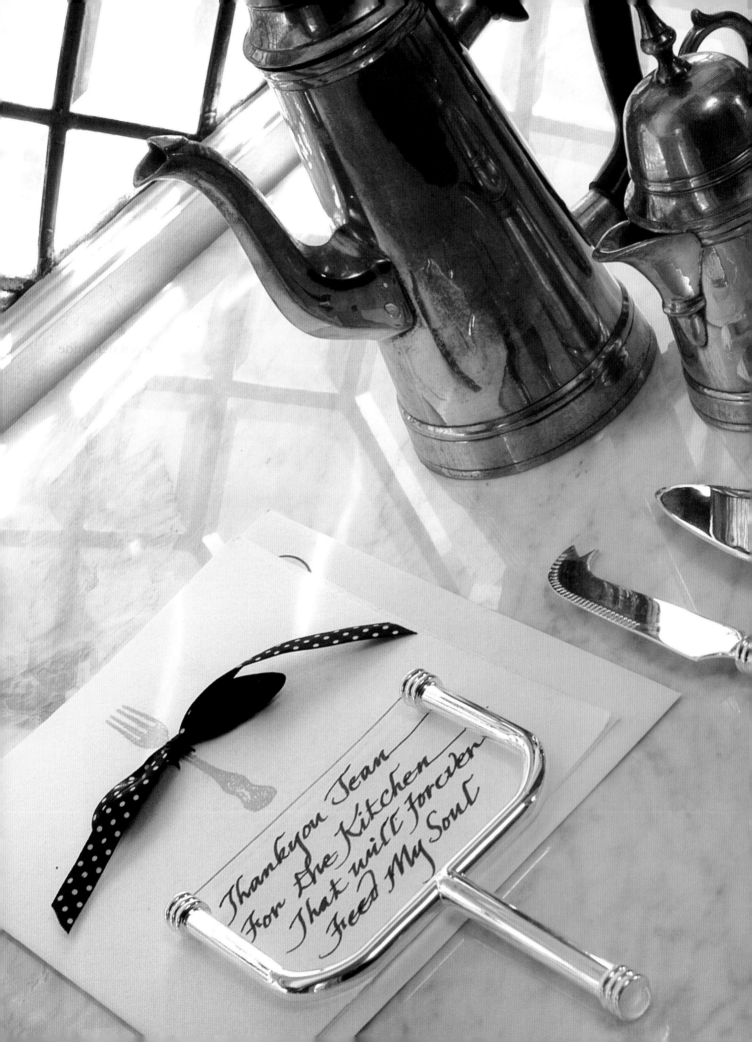

7

À la fois élément esthétique et surface de travail, le dessus de comptoir est un élément important de la cuisine. Le choix peut être délicat : tous les matériaux disponibles sont intéressants, durables et faciles à nettoyer, mais certains sont quand même plus avantageux que d'autres. Si vous passez beaucoup de temps dans la cuisine, vous voudrez sans doute une surface résistante qui demande peu d'entretien. Si en plus les comptoirs constituent un élément clé de votre plan de décoration, il vous faudra un matériau qui attire le regard, tout en s'harmonisant avec le reste de la cuisine, notamment le revêtement de sol et les armoires.

Les dessus de comptoir

▌ pierre ▌

▌ matériaux de synthèse ▌

▌ céramique ▌

▌ stratifiés de plastique ▌

▌ béton ▌

▌ bois et métal ▌

Les dessus de comptoir en marbre sont exigeants et demandent des soins périodiques, mais ils ajoutent un cachet unique aux cuisines de style traditionnel.

i vous pensiez à la pierre pour vos dessus de comptoir, vous savez sans doute déjà qu'à ce chapitre, le granit est roi. Splendide et lumineux, le granit impressionne et s'adapte facilement aux décors traditionnels aussi bien que contemporains. C'est la pierre la plus dure, la plus durable et la plus résistante qui soit aux égratignures, mais elle est poreuse et se tache facilement. Pour qu'elle garde son éclat, elle doit être traitée aussitôt installée et retraitée ensuite régulièrement. Le granit est cher, et aussi très lourd, ce qui exige des cadres d'armoires plus solides que les modèles courants. Le marbre, une autre très belle pierre, est rarement retenu par les cuisinistes experts parce que sa surface poreuse ne résiste pas aux huiles ni à l'acide de certains aliments, comme les tomates. Elle conviendra mieux au coin boulangerie – parce qu'elle ne retient pas la pâte – et aux endroits peu fréquentés de la cuisine. Un traitement régulier de la surface des pierres aide à prévenir les taches, mais c'est une discipline à laquelle peu de gens veulent s'astreindre. Comme le marbre, la pierre calcaire est relativement tendre et se tache facilement, mais elle continue de séduire par ses teintes de beige crème et sa surface à l'apparence usée, qui a le charme des choses imparfaites.

Pierre

L'ardoise est moins poreuse, elle est durable et elle n'exige pas de vernis de scellement. On peut l'obtenir en noir ou en gris, ou dans des teintes de vert ou de rouge. Comme toutes les pierres, elle transpire le luxe, mais elle peut se rayer et s'ébrécher facilement. La stéatite revient en vogue. C'est une pierre qui supporte un usage intensif et qui vieillit bien, en prenant une teinte gris anthracite.

CI-DESSOUS À GAUCHE : Le granit est remarquable par les multiples teintes qu'il peut présenter, mais aussi par sa capacité exceptionnelle à résister aux bactéries.

CI-DESSOUS À DROITE : Le granit, lorsqu'il est convenablement poli et traité, résiste aux éraflures et aux taches, une qualité fort prisée des fervents de cuisine qui sont aussi amateurs de pierre.

À DROITE : Les veinures et les couleurs distinctives de cette plaque de marbre donnent un comptoir d'allure unique.

PAGE SUIVANTE EN BAS À GAUCHE : Moins durable que le granit, l'ardoise présente néanmoins un beau fini mat qui n'exige pas de vernissage.

PAGE SUIVANTE EN BAS À DROITE : Parce que la pâte n'y adhère pas, le marbre – sous forme de comptoir ou d'incrustation – est tout indiqué pour le coin boulangerie.

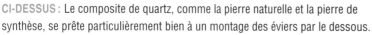

CI-DESSUS : Le composite de quartz, comme la pierre naturelle et la pierre de synthèse, se prête particulièrement bien à un montage des éviers par le dessous.

À DROITE : Ce comptoir d'îlot en matériau composite bleu-violet fait contraste avec les comptoirs blancs qui longent les fenêtres.

PAGE SUIVANTE EN HAUT : Un examen attentif du composite révèle la présence de grains de lapis-lazuli qui ajoutent de la profondeur et de la texture au matériau.

PAGE SUIVANTE EN BAS : Rien de tel pour mettre du piquant dans une cuisine que des comptoirs de couleur écarlate !

la **p**ierre **c**omposite

La pierre composite, produite par agglomération de particules de pierre – surtout du quartz –, de poudre minérale et de résine, est un matériau extrêmement dur et résistant qui gagne sans cesse en popularité. En raison de son apparence granulée ou bigarrée, le composite rappelle la pierre naturelle, mais ses motifs sont plus uniformes et réguliers et la gamme des couleurs est plus vaste. Il existe de nombreux fabricants qui rivalisent pour élargir la palette des couleurs disponibles, depuis des teintes « terreuses »

– du très pâle au très foncé – jusqu'à des coloris très contrastés – des rouges profonds, des bleus lumineux et même des jaunes éclatants qui n'existent sûrement pas dans la nature. La pierre composite se nettoie facilement et résiste bien à la chaleur, aux éraflures et aux taches. Elle n'a pas besoin d'être vernie, ni polie, ni traitée de façon spéciale. Elle coûte presque aussi cher que la pierre naturelle, mais c'est un investissement qui peut se justifier si vous recherchez un matériau plus uniforme et moins exigeant que la pierre naturelle.

une
idée géniale

**«une armoire
verte»**

Pour ranger le matériel de
base d'un cuisinier au
« pouce vert », une armoire
dotée de tiroirs coulissants
en pierre de synthèse
est l'article tout
indiqué.

les **p**rofils de **f**inition

Les bords de vos comptoirs de cuisine peuvent être finis de différentes façons, en accord avec le style architectural de la cuisine.

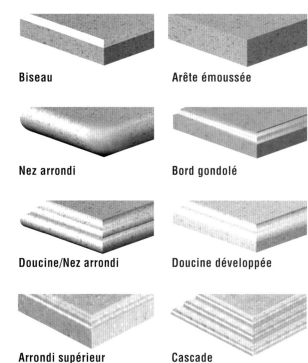

Biseau

Arête émoussée

Nez arrondi

Bord gondolé

Doucine/Nez arrondi

Doucine développée

Arrondi supérieur

Cascade

Matériaux de synthèse

Un peu moins chers que la pierre naturelle ou les matériaux composites, les matériaux de synthèse (aussi appelés pierre de synthèse) sont un produit non poreux obtenu par un processus industriel. Constitués d'un mélange de polymères acryliques et de minéraux naturels, les matériaux de synthèse peuvent être façonnés de manière à intégrer un évier sans joint visible. Ils peuvent également être sculptés et leurs bords peuvent être découpés selon divers profils (voir ci-dessus) ou même incrustés de pièces de bois ou de métal ou de bandes de couleurs contrastantes. Autre caractéristique intéressante du matériau : le vaste choix de couleurs et de motifs. On connaît surtout les imitations pierre, mais le produit est également disponible en blanc et en diverses teintes de blanc cassé, de pastel ou de couleurs primaires, ou encore dans des tons qui rappellent la terre. Les matériaux de synthèse résistent bien aux taches et à l'humidité, de même qu'aux activités des cuisines achalandées. Ils sont faciles à nettoyer, supportant même les nettoyants abrasifs. Ils ne sont pas à l'épreuve des brûlures et des égratignures, mais du fait de la dispersion uniforme de la couleur dans la masse, ces marques peuvent être poncées sans laisser de traces (le cas échéant, on aura avantage à faire appel à un spécialiste). Leur prix est comparable à celui de certaines pierres naturelles, mais il peut varier en fonction des couleurs.

PAGE PRÉCÉDENTE EN HAUT : Ces comptoirs blanc crème se marient bien avec les armoires de bois aux tons clairs.

PAGE PRÉCÉDENTE EN BAS À GAUCHE : On a choisi un vert éclatant pour réaliser le comptoir et les tiroirs coulissants de cette armoire d'empotage.

À GAUCHE : Grâce au caractère massif de la pierre de synthèse, on peut donner aux bords des panneaux les profils décoratifs les plus variés.

CI-DESSUS À GAUCHE : La pierre de synthèse peut ressembler à s'y méprendre à la pierre naturelle.

Comme la pierre, la céramique est un matériau durable, connu depuis la nuit des temps. On peut l'obtenir dans une vaste gamme de qualités, couleurs, motifs, tailles et formes – depuis les minuscules plaquettes hexagonales jusqu'aux grands carrés de 12 ou de 18 po de côté. Avec une telle variété, toutes les compositions sont possibles. On peut également se procurer des pièces de bordure, des carreaux en relief et des insertions décoratives pour accentuer les effets esthétiques recherchés et faire écho à l'ornementation de la pièce. La profusion des couleurs et motifs disponibles et les multiples combinaisons possibles permettent d'adapter le carrelage à tous les styles de cuisine – dépouillé et aux lignes fuyantes, raffiné et grave, coloré et détendu.

Céramique

La céramique vernissée se moque des brûlures, des éraflures et des taches, mais elle peut se briser sous l'effet d'un choc – comme le fera sans doute l'objet qui vient percuter le carreau. La céramique non vernissée présente une allure rustique séduisante, mais elle est poreuse, ce qui signifie qu'il faudra l'imperméabiliser régulièrement pour éviter les taches et la prolifération des bactéries.

Les carreaux de céramique sont faciles à entretenir, mais le coulis utilisé comme ciment entre les carreaux peut poser problème. Il convient de nettoyer périodiquement les interstices entre les carreaux avec une solution d'eau de Javel faiblement concentrée. On peut aussi utiliser un coulis de couleur foncée correspondant à la teinte des carreaux ou qui fait contraste avec elle. Le coulis doit toujours être imperméabilisé pour empêcher les bactéries et autres germes de s'infiltrer. Certains coulis comportent leur propre agent de scellement.

PAGE PRÉCÉDENTE EN HAUT ET À DROITE: Des carreaux couleur cuivre ajoutent du charme et de la chaleur à un comptoir en céramique d'allure neutre.

PAGE PRÉCÉDENTE EN BAS À GAUCHE ET À DROITE: Des boiseries superbement sculptées mettent en relief ces carrelages au fini vernissé lumineux.

CI-DESSUS: Le carrelage noir et blanc du dosseret capte immédiatement l'attention.

À GAUCHE: Un carrelage en céramique blanche crée une agréable transition visuelle entre le dessus du comptoir et son dosseret.

À GAUCHE : Un carrelage en céramique facilite le nettoyage autour de la plaque de cuisson.

À DROITE : Une murale constituée d'une multitude de plaquettes de céramique ajoute de la vie à un dosseret d'allure neutre surmontant la plaque de cuisson.

À GAUCHE AU CENTRE : Ce dosseret multicolore illustre la souplesse d'utilisation de la céramique. Notez la bande surélevée qui marque la frontière entre deux zones de couleurs et de motifs différents.

CI-DESSOUS À GAUCHE ET À DROITE : La céramique apporte une touche de distinction à toute cuisine. Les deux dosserets illustrés ici montrent le très large éventail d'applications possibles. À droite, un dessin en trompe-l'œil ajoute de la fantaisie au mur qui surmonte le comptoir. À gauche, une très belle mosaïque en céramique devient le centre d'attraction de la cuisine.

les **d**osserets

Les dosserets ont connu une évolution prodigieuse depuis quelques décennies : de simples écrans de protection, ils sont devenus des éléments de décoration à part entière de la cuisine contemporaine. Comme ils occupent relativement peu d'espace, on peut délier un peu plus les cordons de la bourse et choisir un matériau plus luxueux qu'on le ferait pour une grande surface. Si vous voulez créer une impression d'unité, vous pouvez tout simplement prolonger le matériau du dessus du comptoir sur le dosseret. Vous voulez faire plus d'effet ? Combinez des carreaux de couleurs et de motifs différents de manière à créer un ensemble original. Certaines cuisines arborent de très belles murales en céramique au-dessus de la plaque de cuisson. Vous voulez un peu de clinquant ? Les choix ne manquent pas : placages de cuivre brillant ou d'inox matelassé style rétro, carreaux de verre chatoyants, miroirs et assemblages de matériaux divers. Dans une cuisine familiale, l'ajout de sections en liège permettra d'y fixer des photos de famille, des messages, etc. Les possibilités sont illimitées, mais dans tous les cas, il faut que l'espace derrière la plaque de cuisson et l'évier soit facile à nettoyer : les éclaboussures et les débordements sont inévitables.

CI-DESSUS : Un tableau constitué de carreaux en relief trône au-dessus de l'évier et ajoute une touche magique à ce dosseret d'allure plutôt neutre.

CI-DESSOUS : Avec un peu d'imagination, on peut créer de belles compositions, même dans un espace réduit standard de 18 x 24 po.

À GAUCHE : Vous pouvez faire tailler sur mesure votre comptoir en stratifié de plastique. La plupart des fabricants offrent une large gamme de finitions des bords.

CI-DESSOUS À GAUCHE : La teinte neutre et le fini mat de ce stratifié lui donnent l'allure d'une pierre naturelle finement brossée.

CI-DESSOUS : Les veines de ce stratifié de plastique standard viennent orner les bords du comptoir.

À GAUCHE : Il faut toujours utiliser une planche lorsqu'on coupe des légumes sur un stratifié de plastique.

CI-DESSOUS : Les progrès de la technique permettent maintenant de produire des stratifiés de plastique qui ont l'apparence de la pierre naturelle.

Stratifiés de plastique

À moins que vous souhaitiez donner une touche de fantaisie au pourtour de vos comptoirs – une couleur contrastante, un bord biseauté ou une incrustation de bois ou de métal –, les stratifiés de plastique constituent votre meilleur achat. Ce matériau présente de nombreux avantages, notamment une installation simple et rapide, un nettoyage facile et un vaste choix de couleurs, textures et motifs, y compris des imitations pierre, bois et métal. Il existe même un nouveau motif qui ressemble à un carrelage de céramique, avec des traits en creux imitant les lignes de coulis. Mais il faudra prendre garde de ne pas tacher, brûler, écorner ni égratigner ce matériau, qui est difficile à réparer. Il faudra également vous méfier des accumulations d'eau, notamment près des joints où une exposition prolongée à l'humidité peut faire gondoler la surface et entraîner le détachement de la pellicule de finition de son substrat. À noter toutefois que les stratifiés de plastique sont disponibles en plusieurs qualités et peuvent généralement être remplacés à bon compte. Les stratifiés postformés, qui comprennent un dosseret intégré et un bord arrondi, sont encore plus économiques. Le choix de couleurs de ces comptoirs est toutefois limité et la pellicule qui les recouvre est plus mince, donc plus fragile. Vous aurez néanmoins un comptoir qui durera plusieurs années et qui ne vous aura pas ruiné à l'achat. Rappelez-vous enfin que les taches et les marques ressortent plus nettement sur un matériau luisant et que les finis mats laissent moins paraître l'usure.

Considéré à une certaine époque comme une option d'avant-garde, sinon téméraire, le béton devient aujourd'hui monnaie courante. Et il ne faut pas s'en étonner : le béton est une matière fascinante et polyvalente, malléable à volonté. C'est le choix qui s'impose pour une installation monobloc de comptoir-évier, qui convient également à une cuisine minimaliste, ultra-contemporaine, mais qui, en raison de son apparence usée et patinée, s'adapte aussi à un intérieur de style rustique ou champêtre européen.

On utilise souvent le béton à son état naturel. Il présente alors une coloration grise qui se patine avec le temps, mais si vous craignez que cette couleur vous rappelle trop celle du plancher de votre garage, vous pouvez toujours le teindre. Le choix des couleurs est immense, depuis les tons neutres comme l'ivoire, l'argile ou le beige jusqu'aux couleurs vives imprégnées dans la masse, en passant par les tons pastel. Les finis sont également très diversifiés : de la surface finement texturée jusqu'au toucher rude ou rustique, du poli brillant jusqu'aux tons adoucis et mats. Vous pourrez lui donner une apparence encore plus originale en y incorporant de petites pierres, des bouts de métal brillant ou du verre coloré.

Les comptoirs en béton résistent bien à la chaleur et aux égratignures, mais en raison de leur grande porosité, ils peuvent se tacher facilement et doivent être traités périodiquement. Toutes ces caractéristiques enviables ont un prix. Le béton comme tel n'est pas cher, mais son façonnage exige une compétence particulière et du temps. Préparé trop vite ou sans les soins nécessaires, le comptoir risque de se fendiller. Vous auriez donc avantage à exiger des références de l'installateur sollicité et à visiter les cuisines qu'il a réalisées récemment avant de prendre un engagement.

Béton

CI-DESSUS : Le béton est peut-être le matériau de comptoir le plus polyvalent du fait qu'on peut le façonner à volonté.

À DROITE : Les comptoirs en béton peuvent être coulés sur place ou fabriqués à l'usine.

CI-DESSUS : On voit ici une belle illustration des possibilités du béton avec cet ensemble comprenant un comptoir, un évier assorti et un dosseret intégré, le tout en béton poli.

CI-DESSOUS À GAUCHE : Le béton, comme vous pouvez l'imaginer, est très durable. C'est la plus résistante des surfaces naturelles.

CI-DESSOUS À DROITE : Comme pour d'autres matériaux de comptoir, le béton est offert dans une large palette de couleurs.

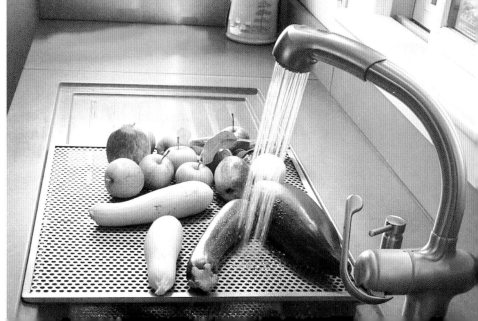

CI-DESSUS À GAUCHE : La riche teinture chocolat de ce comptoir masquera sans difficulté les inévitables éclaboussures et renversements.

CI-DESSUS À DROITE : L'inox est recherché dans les cuisines modernes pour son allure sobre, mais il s'harmonise aussi très bien avec le marbre blanc de cette cuisine victorienne.

À GAUCHE : L'érable massif de ce comptoir en îlot fait écho au bois des armoires.

Bois et métal

En dépit de sa vulnérabilité face à l'humidité, aux éraflures et aux taches, le bois reste populaire dans la cuisine, notamment pour la confection des blocs de boucher. Son allure chaude convient particulièrement bien aux cuisines de style traditionnel et rustique. Les comptoirs en bois dur offrent une surface de travail agréable et sont relativement faciles à entretenir, à condition qu'on éponge sans délai les flaques d'eau, qui attaquent le fini du bois. À la longue, le comptoir va bien sûr se couvrir de taches et d'éraflures. Certains s'accommodent fort bien de cette usure, mais si vous n'êtes pas de cet avis, il suffira de poncer périodiquement le bois et d'en refaire l'étanchéité avec une huile minérale de qualité alimentaire.

De récentes études ont montré que le bois était un matériau naturellement sanitaire qui freinait la prolifération des bactéries. Le métal est aussi un produit sanitaire, le seul matériau de comptoir qui puisse être nettoyé sans danger avec de l'eau de Javel. Heureuse innovation portée par la tendance minimaliste ou de style professionnel qui caractérise l'évolution des cuisines modernes, le comptoir en métal – généralement, l'inox – gagne du terrain. L'acier inoxydable résiste à la chaleur, à l'eau et aux taches. On peut le façonner dans des ensembles monobloc regroupant l'évier et le comptoir et il est extrêmement durable (plus le calibre est bas et plus la tôle est épaisse). Par contre, c'est un matériau cher et c'est un matériau bruyant, à moins que la plaque métallique soit posée sur une épaisseur supplémentaire de contreplaqué. Un fini satiné ou brossé permettra de masquer une partie des éraflures qui ne manqueront pas de s'accumuler avec le temps.

À GAUCHE : Imperméabilisée grâce à un vernis de qualité alimentaire qui en facilite l'entretien, cette table en bois est l'endroit idéal pour apprêter les fruits et légumes, trancher le pain et découper le fromage.

CI-DESSOUS : L'acier inoxydable du dosseret et des comptoirs de cuisine s'accorde parfaitement avec la cuisinière de style professionnel et l'allure contemporaine de la pièce.

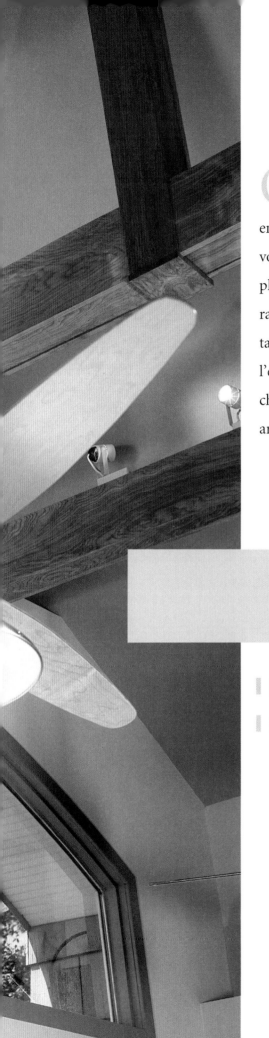

8

Que vous rénoviez votre cuisine ou que vous en construisiez une nouvelle, l'éclairage devrait se trouver très haut sur votre liste de priorités. Sans un bon éclairage, votre cuisine ne sera ni plaisante, ni sûre, ni efficace. En fait, le manque d'éclairage est l'une des raisons pour lesquelles on décide de refaire l'intérieur de sa cuisine. Pourtant, cet aspect est souvent négligé. Il faut donc s'y attaquer très tôt, dès l'étape de la planification initiale. Comme on le verra dans le présent chapitre, il y a plusieurs façons d'utiliser la lumière du jour et la lumière artificielle pour rendre sa cuisine fonctionnelle et invitante.

L'éclairage

lumière naturelle

lumière artificielle

Le jour, cette grande pièce est éclairée par plusieurs types de fenêtres. Le soir tombé, ce sont plusieurs types d'appareils d'éclairage qui prennent la relève.

Une fenêtre unique au-dessus de l'évier et un simple carreau percé dans la moitié supérieure de la porte arrière de la cuisine, ça vous rappelle des souvenirs ? Jusqu'à très récemment, c'est le seul éclairage naturel qui entrait dans de nombreuses cuisines. Heureusement, les choses ont changé. De nos jours, les architectes, dessinateurs et entrepreneurs en rénovation connaissent bien les techniques de fenestration et peuvent vous aider à faire entrer des torrents de lumière naturelle dans votre cuisine et vous mettre ainsi en contact avec l'extérieur. Si vous construisez ou refaites votre cuisine au complet, pensez très tôt aux fenêtres, dès

Lumière naturelle

l'étape du dessin de la zone de préparation des aliments et de l'espace repas. Si vous rénovez, voyez comment vous pourriez agrandir les ouvertures existantes ou en aménager de nouvelles. En remplaçant des fenêtres anciennes par des fenêtres plus grandes et mieux conçues, vous ferez entrer plus de lumière et ajouterez du charme à la pièce. Étudiez également la possibilité d'ajouter des fenêtres ou des portes vitrées donnant sur le jardin ou d'installer une grande fenêtre de serre au-dessus de l'évier et – pourquoi pas ? – un projecteur d'appoint pour faire pousser vos fines herbes à l'année longue !

Avant toutefois de percer des ouvertures pour de nouvelles fenêtres, assurez-vous que la vue qu'elles vous offrent en vaut la peine – sinon, recherchez un autre endroit ou étudiez la possibilité d'aménager un lanterneau qui vous donnera beaucoup de lumière sans vous exposer à un mur ou un carré d'asphalte – et assurez-vous également qu'elles s'harmonisent avec le reste de la maison.

puits de **l**umière et **l**anterneaux

Selon certains experts en éclairage, les puits de lumière procurent 30 % plus d'éclairage qu'une fenêtre verticale de même dimension et donnent l'impression d'agrandir la pièce.

Les puits de lumière installés sur les toits plats ou en pente ne sont généralement pas accessibles. Toutefois, certains puits de lumière qui font aussi office de trous d'aération et qui sont munis d'une charnière au sommet peuvent être ouverts par une commande électrique ou manuelle ou un dispositif de contrôle à distance et apportent ainsi de l'air frais au logement, tout en évacuant l'excès de chaleur accumulé au sommet de la maison en été. Les puits de lumière fixes ne s'ouvrent évidemment pas.

Les lanterneaux (ou fenêtres de toit) se trouvent généralement plus bas que les puits de lumière et sont pour la plupart accessibles. Les châssis de ces fenêtres pivotent de façon que l'extérieur puisse être nettoyé à partir de l'intérieur de la maison.

Pour réaliser des économies d'énergie, choisissez des verrières de puits de lumière ou de lanterneaux dotées de vitrages isolants, qui réduisent les pertes de chaleur en hiver et la pénétration de la chaleur en été. Vous pouvez aussi utiliser des toiles ou stores des taillés sur mesure pour atténuer le rayonnement solaire lorsqu'il est à son maximum, ou encore commander du verre coloré sur les verrières.

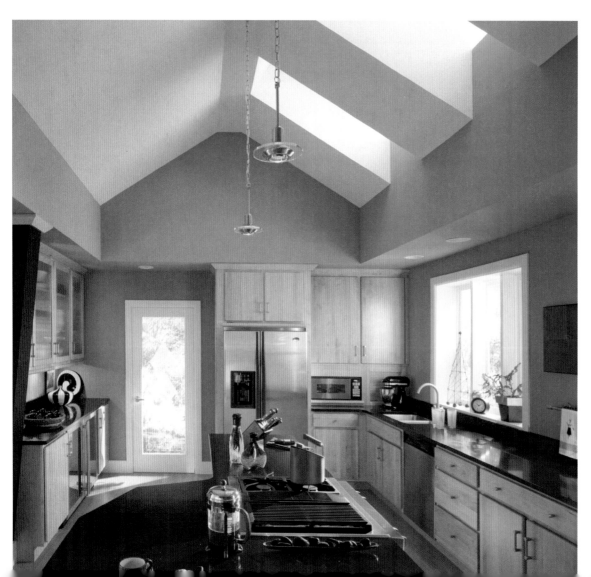

PAGE PRÉCÉDENTE : La pente d'un toit cathédrale est l'endroit idéal pour aménager une rangée de puits de lumière ou de lanterneaux qui inonderont la pièce de la lumière du jour.

À GAUCHE : Une charmante petite fenêtre est tout ce qu'il faut pour illuminer cet évier de bar.

CI-DESSUS : Piégée par de belles fenêtres à carreaux, la lumière du jour illumine l'espace repas et déborde sur la cuisine.

À DROITE : Ici, des puits de lumière s'associent à une fenêtre verticale pour inonder de lumière la cuisine et l'espace repas.

Pour créer un environnement invitant – et sûr – dans votre cuisine, il vous faudra trois catégories ou sources d'éclairage artificiel. L'éclairage général (ou d'ambiance) produit un niveau de lumière confortable pour la vue, sans qu'on en soit conscient – un peu comme le maquillage savamment appliqué d'une femme qu'on trouvera jolie, sans savoir pourquoi. L'éclairage direct, essentiel à l'efficacité et à la sécurité des travaux dans la cuisine, doit être assuré dans chaque coin où se déroulent des activités exigeant une certaine attention. On néglige trop souvent la troisième catégorie de lumière – l'éclairage d'accentuation – qui met l'accent sur certains éléments de la cuisine – par exemple, une série d'objets de collection –, et donne ainsi plus de caractère à la pièce. Le type d'ampoules utilisées a également son importance. Les ampoules incandescentes émettent une lumière chaude. Elles sont économiques à l'achat, mais consomment beaucoup

Lumière artificielle

d'énergie et dégagent énormément de chaleur. Les tubes fluorescents marqués « blanc chaud » (warm-white) émettent une lumière diffuse, sans ombre, qui rend correctement les couleurs et les textures ; ces lampes conviennent à l'éclairage direct et d'ambiance et consomment relativement peu d'énergie. Les ampoules à halogène émettent une lumière plus blanche et plus brillante. Elles sont cependant chères, dégagent beaucoup de chaleur – même les modèles à basse tension – et émettent des rayons ultraviolets. Les nouvelles lampes au krypton et au xénon sont les plus efficaces : elles sont les plus brillantes et dégagent moins de chaleur.

types d'appareils d'éclairage

▌ Les globes, lustres et autres **appareils suspendus** peuvent éclairer une pièce entière ou une partie de celle-ci. Ils doivent se trouver à une distance de 12 à 20 po sous un plafond de 8 pi de hauteur, ou de 30 à 36 po au-dessus de la surface des tables et des comptoirs.

▌ Les **appareils montés en surface** se fixent directement au plafond ou au mur (appliques). La plupart distribuent une lumière uniforme et sans ombre. Pour réduire l'éblouissement, ces appareils doivent être revêtus d'un diffuseur. Les appareils dotés de plusieurs ampoules distribuent la lumière de façon plus uniforme que ceux possédant uniquement une ou deux grosses ampoules.

▌ Les **appareils encastrés** sont montés à l'intérieur du plafond ou d'un soffite. Ce type d'appareil comprend des lampes incandescentes fixes ou orientables qui éclairent vers le bas, des tubes fluorescents protégés et des plafonds lumineux sur toute leur surface. Il faut savoir que les appareils encastrés exigent jusqu'à deux fois plus d'énergie que les appareils suspendus ou montés en surface pour produire le même éclairage.

▌ Les **rails d'éclairage** – y compris les systèmes à câbles basse tension – peuvent assurer tous les types d'éclairage : direct, d'ambiance et d'accentuation, exclusivement ou en combinaison. Vous avez le choix parmi une vaste gamme de lampes modulaires, que vous fixez n'importe où sur le rail et que vous déplacez à volonté. Les rails doivent être situés à une distance de 12 à 18 po du bord des armoires murales pour minimiser les ombres sur les comptoirs.

▌ Les **réglettes fluorescentes compactes** ou les appareils incandescents fixés sous les armoires fournissent l'éclairage direct requis pour le travail sur les comptoirs de la cuisine. Ces comptoirs doivent être illuminés sur au moins les deux tiers de leur longueur.

▌ Les **lampes en corniche** dirigent leur faisceau de lumière vers le plafond, créant un éclairage d'ambiance doux et uniforme ou des effets esthétiques intéressants. Ces lampes devraient être situées sur le dessus des armoires murales, à l'endroit normalement occupé par les soffites.

CI-DESSUS À GAUCHE ET CI-CONTRE : Une distribution originale de l'éclairage artificiel dans cette cuisine de banlieue crée une impression de chaleur et d'efficacité. L'éclairage d'ambiance est fourni par un superbe lustre et des lampes encastrées dirigées vers le bas, tandis qu'un chapelet de lampes sous les armoires illumine le comptoir et les espaces de travail.

l'éclairage d'ambiance

L'éclairage général ou d'ambiance se répand partout dans la cuisine pour y créer une impression de chaleur, de jour comme de nuit. Nous avons besoin d'un éclairage artificiel la nuit, bien sûr, mais aussi le jour, quand le temps est gris. Un plan d'éclairage bien équilibré permettra de reproduire la brillance de la lumière du jour en tout temps. L'éclairage ambiant peut provenir de différentes sources : appareils fixés ou suspendus au plafond, lampes fixées aux armoires et dirigées vers le haut, lampes encastrées dans les plafonds et dirigées vers le bas, appliques murales et même lampes de table. Toutes ces sources de lumière devraient être dotées de gradateurs, de façon à en régler l'intensité. Il faudra aussi des lumières brillantes au-dessus des zones de travail pour bien les éclairer et en direction des armoires et tiroirs pour en distinguer le contenu, et des lumières plus douces et confortables pour l'espace repas. Dans les maisons à aires ouvertes d'aujourd'hui, les gradateurs permettent également d'harmoniser l'éclairage de la cuisine avec celui des pièces adjacentes, comme la salle à manger, le vivoir ou la salle familiale. Certains spécialistes de l'éclairage recommandent même que chaque lumière dans la cuisine soit desservie par son propre circuit, ce qui vous permettra de créer l'ambiance désirée par le réglage individuel des lampes. Vos appareils d'éclairage doivent être répartis de façon à diffuser uniformément la lumière. Si l'éclairage crée des taches reconnaissables sur les surfaces, c'est que les sources de lumière sont disposées trop loin les unes des autres.

Vos choix de couleurs, de même que la taille et la forme de la pièce, influenceront vos choix d'éclairage. Les armoires, comptoirs et autres surfaces pâles ou luisantes réfléchissent la lumière et exigent donc moins d'éclairage que des surfaces sombres ou finies mat. Avec des plafonds hauts, il vous faudra des lumières brillantes pour éliminer les ombres. Avec des plafonds bas, il vaut mieux réduire l'intensité lumineuse parce que la lumière se répercutera d'un mur à l'autre et sur le plafond. Le nombre de fenêtres et leur orientation influenceront également le nombre et la puissance des sources d'éclairage artificiel requises.

Gardez en tête l'aspect esthétique lorsque vous choisissez votre éclairage. Les lumières encastrées orientées vers le bas, parce qu'elles sont dissimulées, s'harmoniseront avec à peu près tous les décors, mais les lampes suspendues, les appliques et les rails d'éclairage doivent s'intégrer au reste de la pièce. Les choix de style de lampe sont considérables et les finis passent par toutes les notes de la gamme, depuis les émaux brillamment colorés jusqu'aux patines métalliques brillantes, mates ou vieillies.

À GAUCHE : Pour l'éclairage d'ambiance, cette cuisine compte sur une fenêtre plein jour, des lampes encastrées au plafond et un lustre suspendu au-dessus de l'îlot de travail.

CI-DESSOUS ET TOUTES LES PHOTOS DE LA PAGE PRÉCÉDENTE : Plusieurs types de d'appareils d'éclairage viennent compléter l'éclairage naturel de cette cuisine, tout en l'enjolivant. Ainsi, un lustre domine la table à manger, des appliques mettent en valeur la belle architecture de la fenêtre et des suspensions d'époque illuminent le comptoir de travail. Dans un coin près de l'évier, une élégante lampe de table éclaire une photo et des souvenirs.

À DROITE : Un chapelet de lampes à basse tension illumine les comptoirs de travail dans le coin de la cuisine.

CI-DESSOUS : Des appliques dotées de lampes fluorescentes compactes éclairent les aires de préparation et de cuisson des aliments. Ce type de lampe, qui consomme peu d'énergie, donne une lumière brillante qui n'a malheureusement pas la chaleur de certaines lampes incandescentes. Leur emploi est justifié dans une pièce où les lumières doivent rester allumées pendant de longues périodes.

CI-DESSOUS À DROITE : Des ampoules au xénon éclairent d'une lumière vive ce comptoir de travail.

PAGE SUIVANTE EN HAUT : Certaines hottes comportent des lampes compactes intégrées.

l'**é**clairage des **z**ones de **t**ravail

Tout ce qui se passe dans la cuisine – découpage, lavage ou rinçage des aliments, et même la lecture de vos livres de recettes – exige au moins une ampoule incandescente de 100 watts ou une lumière fluorescente de 60 watts. Pour les travaux sur le comptoir, l'éclairage en provenance du dessous des armoires est le plus efficace. Ces appareils d'éclairage – qu'il s'agisse de réglettes fluorescentes, de rails de lampes miniatures ou de systèmes d'éclairage à câbles basse tension – doivent être installés près de la partie avant des armoires, de façon à inonder les comptoirs d'une lumière abondante, nécessaire à des travaux de précision. Les zones de cuisson et de lavage des aliments doivent aussi être pourvues d'un éclairage direct efficace. Pour éclairer l'évier, on utilise souvent des rangées de lumières sous les armoires ou des lampes encastrées dirigées vers le bas. Certaines hottes comportent des lampes intégrées orientées directement sur la surface de cuisson. Pour les îlots de travail, on préfère les rails de lumière, les appareils encastrés ou les suspensions. Si vous utilisez des projecteurs ou des lampes encastrées au plafond pour éclairer le comptoir de travail, mettez-les à 2 pi du mur, sinon vous devrez sans cesse travailler dans l'ombre que vous projetez vous-même sur le comptoir.

Votre cuisine comprend-elle un espace repas? Si oui, prévoyez une commande pour tamiser ou couper l'éclairage provenant du dessous des armoires, de manière à ne pas éblouir les personnes assises à table. Autre conseil utile : installez un interrupteur distinct pour chaque source d'éclairage direct, c'est pratique.

suspensions et **l**ustres

Dans la cuisine, les suspensions et les lustres vous procureront les trois types d'éclairage dont nous avons parlé plus tôt – direct, d'ambiance et d'accentuation –, mais vous les utiliserez davantage comme lampes d'ambiance, au-dessus de la table à manger par exemple, ou d'un îlot de travail, ou dans une alcôve ou à tout endroit où la famille et les amis se réunissent pour partager leur repas. Si vos plafonds ont la hauteur habituelle (8 pi), les spécialistes de l'éclairage suggèrent que la base des appareils suspendus soit à une hauteur comprise entre 27 et 36 po au-dessus de la table à manger. Relevez la lampe de 3 po pour chaque pied supplémentaire de hauteur de plafond. Une ou plusieurs suspensions fixées dans une zone en retrait vous procureront toute la lumière requise pour vos travaux de préparation ; tamisée, cette lumière donnera une atmosphère plus intime, pour éclairer un tête-à-tête, par exemple. Dans le cas de suspensions ouvertes à leur partie inférieure – comme les lampes de style Tiffany –, assurez-vous que la partie supérieure comporte aussi une ouverture. Pour éviter que la lumière nue n'éblouisse vos convives, ajoutez un disque ou un globe de diffusion sous la lampe, ou utilisez une lampe semi-opaque. Dans tous les cas, il faut que l'ampoule soit couverte. Enfin, sachez qu'une lampe suspendue au-dessus d'une table vitrée peut créer un reflet désagréable.

Fixés au-dessus d'un îlot de travail, les suspensions et les lustres constituent des sources élégantes d'éclairage direct pour la préparation des aliments. À leur intensité maximale, ces lampes peuvent fournir tout l'éclairage nécessaire à de petites cuisines ; tamisées, elles deviennent un point d'attraction.

À GAUCHE : Les suspensions de style ancien complètent avec bonheur le décor de cette cuisine traditionnelle.

CI-DESSOUS À GAUCHE : Une suspension très moderne illumine un coin repas.

CI-DESSUS : Ces suspensions originales en forme de larme apportent lumière et élégance.

CI-DESSUS À DROITE : Dans ce majestueux décor d'inspiration française, un très beau lustre ajoute une note de distinction supplémentaire.

À DROITE : Une suspension au style élancé jette une lumière abondante sur le plan de travail sous-jacent.

une
idée géniale

suspensions
à hauteur
variable

Elles se relèvent pour un
éclairage d'ambiance,
elles s'abaissent pour
une atmosphère
plus intime.

CI-DESSUS : D'élégantes appliques mettent en valeur la fine boiserie des fenêtres.

À GAUCHE : Le lustre finement ouvré qui domine la table porte des chandelles, qui procurent l'éclairage le plus flatteur qui soit.

PAGE SUIVANTE EN HAUT À GAUCHE : De minuscules lampes intérieures mettent en évidence les pièces de collection rangées dans les armoires aménagées dans le soffite.

PAGE SUIVANTE EN BAS À GAUCHE : Un rail finement cintré porte de petits projecteurs qui éclairent les œuvres d'art fixées au mur.

PAGE SUIVANTE EN HAUT À DROITE : Bel exemple de mise en œuvre d'un système à câbles basse tension qui procure l'éclairage d'ambiance et l'éclairage direct.

rails d'éclairage et lampes d'accentuation

Le rail d'éclairage trouve de nombreux usages dans la cuisine contemporaine. L'installation est constituée d'un profilé – le rail – monté près de la surface du mur ou du plafond et qui retient les lampes individuelles en place et leur apporte le courant. Ce profilé sera fixé en hauteur si on souhaite éclairer l'ensemble de la pièce. Les ampoules individuelles – qu'on peut déplacer à volonté – peuvent être orientées de manière à mettre l'accent sur un élément quelconque de la cuisine. Ce genre d'installation, d'abord réservé aux cuisines modernes, s'est maintenant généralisé. Les ampoules individuelles sont disponibles dans toutes les tailles – de la miniature à la très grande – et dans tous les styles – du contemporain au traditionnel. Dans la cuisine tendance, le rail sert souvent d'élément de décoration, tandis que dans un intérieur plus traditionnel, ce n'est plus le rail lui-même qui tient la vedette, mais plutôt l'élément éclairé. Un rail peut fournir tout l'éclairage direct et d'ambiance nécessaire dans une cuisine de taille modeste, mais en raison de la relative concentration du faisceau lumineux des lampes, cet équipement convient mieux à un éclairage direct ou d'accentuation dans une pièce plus grande. Le choix du meilleur emplacement pour le rail n'étant pas toujours évident, on aura avantage à demander conseil à un spécialiste – architecte, décorateur ou éclairagiste.

On utilise l'éclairage d'accentuation pour mettre en évidence un élément décoratif quelconque ou un meuble présentant un intérêt particulier, comme une hotte de cuisine magistrale, une belle murale en céramique dominant la plaque de cuisson ou un ancien mur de briques pétri d'histoire. Ainsi, on pourra se servir d'une applique, d'un rail d'éclairage ou d'une réglette de lampes pour attirer l'attention sur une belle céramique murale, ou d'une lampe de table pour mettre en lumière un bahut ou une armoire de style ancien.

Ressources

La liste suivante des fabricants et associations se veut un guide général complété par les autres industries et sources de produits existantes. Elle ne constitue pas une liste des fabricants et des produits figurant sur les photographies de cet ouvrage.

MANUFACTURIERS

Above View
www.aboveview.com

Amana
www.amana.com

American Standard
www.americanstandard-us.com

Armstrong World Industries
www.armstrong.com

Bach Faucets
www.bachfaucet.com

Big Chill Refrigerators
www.bigchillfridge.com

Blanco America
www.blancoamerica.com

Bosch Home Appliances
www.boschappliances.com

Bruce Hardwood Floors, a div. of Armstrong World Industries
www.bruce.com

Corian, a div. of DuPont
www.corian.com

Crossville, Inc.
www.crossvilleinc.com

Delta Faucet Company
www.deltafaucet.com

Dex Studios
www.dexstudios.com

Elkay
www.elkayusa.com

Jenn-Air, a div. of the Maytag Corp.
www.jennair.com

Fisher and Paykel
www.fisherandpaykel.com

Kohler
www.kohler.com

Formica Corporation
www.formica.com

KraftMaid Cabinetry
www.kraftmaid.com

General Electric
www.ge.com

LG
www.lge.com

Glidden
www.glidden.com

Maytag Corp.
www.maytag.com

Hartco, a div. of Armstrong World Industries
www.hartco.com

MGS Progetti
www.mgsprogetti.com

Miele
www.miele.com

Moen
www.moen.com

Sub-Zero Freezer Co.
www.subzero.com

Native Trails
www.nativetrails.net

Thibaut Inc.
www.thibautdesign.com

Plain and Fancy Custom Cabinetry
www.plainfancycabinetry.com

Viking Range Corp.
www.vikingrange.com

Price Pfister, Inc.
www.pricepfister.com

Wilsonart International
www.wilsonart.com

Robbins, a div. of
Armstrong World Industries
www.robbins.com

Wolf Appliance Company,
a div. of Sub-Zero Freezer Co.
www.wolfappliance.com

Sherwin-Williams
www.sherwinwilliams.com

Wood-Mode Fine Custom Cabinetry
www.wood-mode.com

Sonoma Cast Stone
www.sonomastone.com

Zodiaq, a div. of DuPont
www.zodiaq.com

Glossaire

Accessoire fixe : tout élément fixe d'une construction, comme les éviers.

Agrandissement : espace d'habitation créé en prolongeant les solives du plancher et des plafonds (ou en ajoutant une dalle de plancher) d'une pièce et en érigeant un mur au bout des solives.

Aménagement accessible : type d'aménagement conçu en fonction des besoins des personnes physiquement handicapées.

Aménagement adaptable : type d'aménagement conçu de façon à s'adapter facilement aux besoins des personnes handicapées.

Ampoule à halogène : ampoule à l'intérieur de laquelle on a injecté un gaz halogène qui provoque la redéposition, sur le filament lumineux en tungstène de la lampe, des particules qui s'en détachent sous l'effet de la chaleur. Le gaz halogène prolonge la durée de vie de l'ampoule et permet d'obtenir une lumière plus blanche et plus brillante.

Ampoule au xénon : ampoule assez semblable à une lampe à halogène mais qui est remplie de gaz xénon. L'ampoule au xénon n'émet pas de rayons ultraviolets, elle éclaire en chauffant moins et en consommant moins d'énergie.

Ampoule incandescente : ampoule qui renferme un filament conducteur que le courant électrique chauffe à blanc en le traversant. Le courant réagit avec le gaz inerte présent à l'intérieur de l'ampoule et fait briller le filament.

Appareils d'éclairage sous armoire : luminaires fixés sous les armoires pour fournir un éclairage direct sur des zones de travail.

Applique : appareil d'éclairage mural décoratif, quelquefois en fer ou en verre, qui renferme une ampoule.

Armoire avec cadre : armoire dotée d'un cadre complet sur le devant du caisson de l'armoire.

Armoires de série : armoires qui sont conservées en stock dans les magasins ou qu'on peut obtenir rapidement sur commande.

Armoire de sol : armoire qui prend appui sur le sol, sous un comptoir de cuisine.

Armoire murale : armoire qui mesure généralement 12 po de profondeur et qui est montée sur un mur de cuisine. L'armoire doit laisser au moins 15 po de dégagement au-dessus du comptoir de travail.

Armoire sans cadre : armoire de style européen dépourvue de cadre sur le devant du caisson.

Armoires faites partiellement sur mesure : armoires offertes dans certaines tailles précises, mais dans une grande variété d'options.

Bandeau : panneau ou tablier avant d'un évier de cuisine visible ou non de l'extérieur.

Bec de robinet : tube ou tuyau par où l'eau est éjectée d'un robinet.

Bloc de boucher : comptoir ou dessus de table servant au découpage des aliments et constitué de bandes de bois dur (souvent de l'érable) lamellées ensemble et traitées pour résister à l'eau.

Carrousel (« Lazy Susan ») : ensemble de plateaux montés sur un pivot qu'on peut faire tourner pour avoir accès aux articles déposés sur les différents plateaux.

Centre de travail secondaire : partie de la cuisine où se déroulent des activités connexes, comme la boulangerie ou la lessive.

Cimaise de protection : moulure murale décorative posée à mi-hauteur entre le plancher et le plafond. Dans les cuisines anciennes, protégeait les murs du frottement du dossier des chaises.

Code du bâtiment : ensemble de règles et de normes, édictées à l'échelle locale ou nationale, concernant la conception des structures, le choix des matériaux, la plomberie et les systèmes électriques, et qui précisent ce qu'on peut faire et qu'on ne peut pas faire lorsqu'on construit ou rénove un bâtiment. Le code du bâtiment a pour but de protéger la santé et la sécurité du public et de fixer les règles d'utilisation des sols.

Comptoir de boulangerie : comptoir situé à proximité d'un four et d'un réfrigérateur et comportant une surface pour rouler la pâte et de l'espace de rangement pour les fournitures de boulangerie.

Comptoir en pierre de synthèse : comptoir découpé dans un matériau constitué de plastique acrylique et de particules synthétiques finement moulues et auquel on donne parfois l'allure de la pierre naturelle.

Conduit d'aération : tube ou canalisation servant à l'expulsion de l'air vicié intérieur vers l'extérieur.

Coulis : agent liant utilisé pour combler les joints entre les carreaux de céramique.

Cuvette : évier peu profond.

Dessus de comptoir : plan de travail d'un comptoir, d'un îlot ou d'une péninsule, généralement situé à 36 po au-dessus du sol. Les matériaux les plus souvent utilisés dans les cuisines modernes pour les dessus de comptoir sont les stratifiés de plastique, les carreaux de céramique, l'ardoise et la pierre de synthèse.

Disjoncteur de fuite à la terre : dispositif de sécurité qui compare la quantité de courant qui entre dans une prise de courant et la quantité qui en sort. Dès que l'écart atteint 0,005 volt, le dispositif coupe le circuit en une fraction de seconde. Certains codes du bâtiment exigent l'utilisation d'un tel dispositif dans les endroits humides.

Dosseret : matériau de finition couvrant le mur surmontant un comptoir de cuisine. Le dosseret peut être rattaché ou non au comptoir.

Échelle : rapport existant entre une longueur et sa représentation sur une carte ou un plan.

Éclairage d'accentuation : type d'éclairage qui fait ressortir un espace ou un objet particulier présent dans une pièce.

Éclairage d'ambiance : éclairage général d'une pièce réparti de façon que la ou les sources individuelles de lumière ne soient pas repérables.

Éclairage direct : éclairage produit par un luminaire dédié à une activité précise, par exemple le découpage des fruits et légumes.

Éclairage en contre-jour : éclairage par une source lumineuse située derrière un objet ou de côté par rapport à cet objet.

Éclairage en corniche : technique d'éclairage où le faisceau lumineux des lampes est dirigé vers le plafond, de façon à obtenir un éclairage diffus. Ces lampes sont souvent fixées sur le dessus des armoires murales.

Éclairage vers le bas: technique d'éclairage où les surfaces et les objets sont éclairés par des sources lumineuses installées en hauteur.

Encastré (appareil, espace, etc.): se dit d'un appareil ou d'un espace de rangement inséré ou logé dans un objet ou une surface exactement taillés ou creusés à cet effet.

Faux-fini: technique de peinture décorative permettant d'imiter le bois, le marbre, le granit et d'autres pierres.

Fenêtre à auvent: fenêtre comportant un seul panneau de verre encadré doté à son sommet d'une charnière qui permet de la faire basculer vers l'extérieur pour l'ouvrir.

Fenêtre à battants: fenêtre comportant un panneau de verre encadré doté d'une charnière latérale et qui s'ouvre vers l'extérieur par la manœuvre d'une manivelle.

Fenêtre à carreaux réels: fenêtre constituée de multiples carreaux de verre divisés et retenus en place par des meneaux ou petits bois.

Fenêtre à guillotine à double châssis mobile: fenêtre comportant deux panneaux de verre encadrés qui se déplacent verticalement dans une glissière en métal ou en bois.

Fenêtre coulissante: fenêtre semblable à une fenêtre à guillotine à double châssis mobile, mais qu'on aurait tournée de côté. Les panneaux de verre de cette fenêtre se déplacent donc à l'horizontale.

Fenêtre fixe: fenêtre qui ne s'ouvre pas. Il s'agit généralement d'un élément de décoration, comme les fenêtres semi-circulaires et les baies palladiennes.

Gradateur: dispositif permettant de faire varier la puissance délivrée à un appareil électrique.

Grilles de fenêtre: grilles de forme rectangulaire ou en losange qu'on insère dans un châssis de fenêtre et qui créent l'illusion d'une fenêtre à carreaux.

Îlot: meuble constitué d'une armoire de sol soutenant un dessus de comptoir et qui ne prend appui sur aucun mur, de sorte qu'il est accessible de tous les côtés.

Intensité (d'une couleur): sa force, son pouvoir d'attraction.

Lambrissage d'appui: panneaux posés sur la surface finie d'un mur et qui s'élèvent jusqu'à 36 ou 42 po au-dessus du sol. Le lambrissage est souvent couronné par une moulure horizontale suffisamment épaisse et disposée à la hauteur requise pour protéger le mur du contact répété du dossier des chaises.

Lampes basse tension: lampes qui fonctionnent à une tension comprise entre 12 et 50 volts, plutôt que la tension normale de 120 volts qui alimente généralement les maisons.

Lampe encastrée: appareil d'éclairage installé à l'intérieur d'un mur, d'un soffite ou d'une armoire, de telle sorte que sa partie antérieure est de niveau avec la surface environnante.

Lampe fluorescente: tube de verre garni d'une couche intérieure de phosphore qui brille lorsqu'elle est soumise à un courant électrique. Les tubes fluorescents constituent une source économique d'éclairage.

Lanterneau (aussi appelé fenêtre de toit): fenêtre installée dans le même plan que le toit. Ce type de fenêtre comporte généralement un dispositif d'aération.

Ligne d'axe: la ligne médiane qui passe par le centre d'un objet (par exemple, un évier).

Ligne de vue: ce qu'une personne perçoit naturellement lorsqu'elle regarde dans une pièce ou qu'elle déplace son regard autour de la pièce.

Meneau (ou petit bois): petite pièce verticale d'une fenêtre qui sépare les carreaux de vitre.

Moulure couronnée: moulure décorative généralement posée à la jonction d'un mur et du plafond.

Mur non porteur: mur intérieur qui ne supporte aucun autre poids que sa propre charge permanente.

Mur porteur: mur qui porte la charge verticale d'une structure. Toute ouverture pratiquée dans un mur porteur doit être renforcée de façon que le mur soit toujours en mesure de supporter le poids utile et le poids mort de la structure.

Palette (de couleurs): gamme de couleurs qui se complètent l'une l'autre.

Peinture en trompe-l'œil: technique de peinture qui consiste à donner l'illusion d'un espace ou d'un objet réel.

Péninsule: section de comptoir, reposant ou non sur une armoire de sol, reliée par l'une de ses extrémités à un mur ou à un autre comptoir et qui fait saillie vers l'intérieur de la cuisine, de sorte qu'elle est accessible sur trois de ses côtés seulement.

Périmètre réservé à la toilette : espace ouvert ou fermé autour d'une baignoire ou d'une douche. Cet espace peut comprendre des marches et une plate-forme, de même que la baignoire elle-même.

Pi³/min : abréviation de pieds cubes par minute (utilisé, par exemple, pour mesurer la puissance du ventilateur d'extraction d'une hotte).

Plan de base : plan donnant les mesures et l'emplacement détaillés des appareils ménagers, des installations de plomberie et d'électricité et des autres éléments permanents d'une pièce.

Poste de cuisson : endroit de la cuisine où sont regroupés la cuisinière ou la plaque de cuisson, le ou les fours, les surfaces de préparation des aliments, les appareils ménagers et les ustensiles.

Poste de lavage : endroit de la cuisine où sont regroupés l'évier, le broyeur à ordures, le compacteur de déchets, le lave-vaisselle et leurs accessoires connexes, pour en faciliter l'accès et optimiser leur efficacité.

Produits et aménagements universels : produits et aménagements intérieurs qui ont comme caractéristique principale d'être à la portée des personnes de tout âge, taille et aptitude physique.

Proportion : rapport de grandeur entre les parties d'une chose ou entre deux choses.

Puits de lumière : ouverture encadrée pratiquée dans le toit et qui laisse entrer la lumière du jour dans la maison. Cette ouverture peut être recouverte d'un panneau de verre plat ou d'un dôme en plastique.

Raccords de tuyauterie : dispositifs de plomberie qui apportent l'eau vers les appareils de distribution, lesquels peuvent être des robinets, des pulvérisateurs, des becs, etc. Sont également compris dans cette catégorie les éléments de quincaillerie connexes et certains accessoires, comme les distributeurs de savon et les distributeurs d'eau chaude sur demande.

Range-appareils : espace de rangement aménagé sur ou sous un comptoir de cuisine pour accueillir les petits appareils ménagers.

Réaffectation d'espace : opération consistant à changer l'utilisation de l'espace intérieur d'une maison ou d'une pièce d'une maison sans en modifier la superficie.

Regarnissage : remplacement des portes et des tiroirs des armoires d'une cuisine par d'autres éléments assortis.

Rehaut : ton le plus clair utilisé dans une pièce.

Soffite : espace compris entre le plafond et le dessus des armoires.

Solives : pièces de charpente, disposées parallèlement, qui soutiennent les planches du plancher et les lattes du plafond.

Sous-plancher : plancher établi directement sur les solives et sur lequel s'appuie le plancher de finition.

Ton : degré d'une couleur, selon qu'elle soit plus ou moins claire ou foncée.

Ventilateur aspirant : ventilateur qui aspire à l'extérieur de la maison la vapeur d'eau, les fumées de cuisson et la chaleur produites à l'intérieur de la cuisine.

Crédits photographiques

H : en haut – D : à droite – B : en bas – G : à gauche – C : au centre

Toutes les photographies sont l'œuvre de Mark Samu, à moins d'indication contraire.

page 1 : courtoisie de Hartco page 3 : design : Kitchen Dimensions page 4 : design : Delisle/Pascucci pages 6–7 : (HG) design : Ken Kelly ; (D) design : Kitchen Dimensions ; (BG) design : Kitty McCoy, A.I.A. pages 8–10 : design : Ken Kelly page 11 : design : Sam Scofield, A.I.A. pages 12–13 : design : Lucianna Samu/Sunday Kitchens page 14 : design : Delisle/Pascucci page 15 : design : Mojo-Stumer, A.I.A. page 16 : constructeur : Bonacio Construction pages 18–19 : design : Rita Grants pages 20–21 : design : Jim DeLuca, A.I.A. pages 22–23 : styling : Tia Burns pages 24–25 : architecte : SD Atelier, A.I.A. page 26 : (H) design : Kitchen Dimensions ; (C) design : Jeanne Stoffer ; (B) design : Ken Kelly page 27 : design : Ken Kelly page 28 : (H) courtoisie de Hearst Magazines ; (B) design : Lucianna Samu page 29 : (HG) courtoisie de Hearst Magazines ; (HD) design : Kraft Maid ; (DC) constructeur : Witt Construction ; (BG) constructeur : Gold Coast Construction page 30 : (H) design : Montlor Box, A.I.A. ; (BG) design : Sherrill Canet ; (BC) design : Andy Levtovsky, A.I.A. ; (BD) design : Habitech page 31 : design : Patrick Falco pages 32–33 : (C, HD, BD) courtoisie de Hearst Magazines ; (BG) design : Richard Schlesinger ; (HG) design : Len Kurkowski, A.I.A. page 34 : (H) design : KraftMaid ; (B) design : Ken Kelly page 35 : courtoisie de Hearst Magazines page 36 : (H) design : Jim DeLuca, A.I.A. ; (B) constructeur : Access Constructeurs page 37 : (H) design : Jim DeLuca, A.I.A. ;

(B) courtoisie de Hearst Magazines page 38 : design : Ken Kelly pages 40–41 : (C, HD, BC, BG) design : Ken Kelly ; (BD) Builder Architect Magazine pages 42–43 : constructeur : T. Michaels Contracting pages 44–47 : design : Jean Stoffer pages 48–49 : (C, BC, BG, HG) design : Kitchen Dimensions page 50 : design : KraftMaid page 51 : design : Eileen Boyd pages 52–53 : design : Jean Stoffer pages 54–55 : design : Patrick Falco pages 56–57 : styling : Tia Burns pages 58–59 : design : Ken Kelly pages 60–61 : (C) design : Andy Levtovsky, A.I.A. ; (HD, BD) design : Bruce Nagle, A.I.A. ; (BG) constructeur : Bonacio Construction page 62 : design : Jim DeLuca, A.I.A. page 64 : design : Habitech page 66 : design : Kitty McCoy, A.I.A. page 67 : constructeur : Access Constructeurs page 68 : (H, BD) design : Ken Kelly ; (BG) design : Jean Stoffer page 69 : (HD) design : The Breakfast Room ; (GC) design : Jean Stoffer page 70 : (GC, DC) design : Kitty McCoy, A.I.A. ; (B) courtoisie de KraftMaid page 71 : (G) design : Ken Kelly ; (D) design : Kitty McCoy, A.I.A. page 76 : courtoisie de KraftMaid page 77 : (HD) design : Mojo-Stumer, A.I.A. ; (BD) architect : SD Atelier, A.I.A. ; (HG) design : Habitech pages 72–73 : (HC) constructeur : Gold Coast Construction ; (HD) courtoisie de Hearst Magazines ; (BD) design : Montlor Box, A.I.A. ; (BC) constructeur : Gold Coast Construction ; (BG, GC, HG) design : Ken Kelly page 74 : (H) courtoisie de Hearst Magazines ; (BD) design : Ken Kelly ; (BG) constructeur : T. Michaels Contracting page 75 : courtoisie de Plain & Fancy page 78 : (HD) courtoisie de Plain & Fancy ; (DC) design : Jean Stoffer ; (BD, BG) courtoisie de Plain & Fancy ; (HG) courtoisie de Hearst Magazines page 79 : design : Tom Edwards page 80 : (H) design :

Delisle/Pascucci ; (BG, BD) design : Jean Stoffer page 81 : design : Jean Stoffer page 82 : courtoisie de Plain & Fancy page 83 : design : Jean Stoffer pages 84–85 : (D, BC, BG, GC, HG, HC) courtoisie de Plain & Fancy ; (C) design : Delisle/Pascucci page 86 : design : Ken Kelly page 87 : courtoisie de KraftMaid pages 88–89 : (C, HD, BD) courtoisie de Plain & Fancy ; (BC) courtoisie de Miele page 90 : (HC, C) courtoisie de Plain & Fancy ; (BD) design : Mojo-Stumer, A.I.A. ; (BC) design : Patrick Falco ; (BG) courtoisie de Hearst Magazines ; (GC) design : Paula Yedyank ; (HG) design : Lucianna Samu page 91 : (HG) design : Jean Stoffer ; (HD) design : Ken Kelly ; (BD) design : Jean Stoffer ; (BG) design : The Breakfast Room page 92 : courtoisie de Hartco page 94 : design : Ken Kelly page 96 : (HD, BD) courtoisie de Hearst Magazines ; (G) photo : Don Wong/CH ; painting : Dee Painting & Faux Finishes page 97 : (HD) design : Montlor Box, A.I.A. ; (BD) design : Correia Designs Ltd. page 98 : (HD) design : Patrick Falco ; (B) courtoisie de Glidden ; (HG) design : Sherrill Canet page 99 : courtoisie de Sherwin Williams pages 100–101 : (BD) constructeur : Bonacio Construction ; (HC, HG) design : Ken Kelly page 102 : (HD) constructeur : T. Michaels Contracting ; (B) design : Paula Yedyank ; (HG) design : Jean Stoffer page 103 : design : Eileen Boyd page 105 : (H) design : Andy Levtovsky, A.I.A. ; (BD, BG) courtoisie de Thibaut page 106 : courtoisie de Armstrong page 107 : (HG) architect : SD Atelier, A.I.A. ; (B) courtoisie de Armstrong page 108 : (D) courtoisie de Robbins ; (G) Brian C. Nieves/CH page 109 : (H) design : Ken Kelly/Carpen House Cabinets ; (B) courtoisie de Robbins pages 110–111 : (HC) courtoisie de Crossville ; (BD) design: Correia Designs Ltd.; (BG) courtoisie de Crossville **page 112**: design: Ken Kelly **page 113**: design: Kitty McCoy, A.I.A. **pages 114–117**: courtoisie de Armstrong **page 118**: design: Kitty McCoy, A.I.A. **page 119**: (H) courtoisie de Above View; (BD, BG) courtoisie de Armstrong **page 120**: courtoisie de Hearst Magazines, design: Val Florio, A.I.A. **page 122**: (D) design: Habitech; (BG) design: Andy Levtovsky, A.I.A.; (HG) design: Ken Kelly **page 123**: (HD) design: Mojo-Stumer, A.I.A.; (BD) courtoisie de Maytag; (BLC) courtoisie de Whirlpool; (G) courtoisie de GE **page 124**: (HG) design: Ken Kelly; (BG) constructeur: Access Constructeurs **page 125**: (HD, DC, BD) courtoisie de GE; (BG) constructeur: Access Constructeurs; (HG) design: Ken Kelly **pages 126–127**: courtoisie de Wolf **page 128**: (HD) courtoisie de Sharp; (BD, BG) design: Ken Kelly; (HG) courtoisie de Wolf **page 129**: (G) courtoisie de Wolf **page 130**: (HG) courtoisie de KraftMaid; (BD) constructeur: Witt Construction; (BG) courtoisie de Hearst Magazines **page 131**: (HD) design: Paula Yedyank; (B) courtoisie de Wolf; (HG) design: Montlor Box, A.I.A. **page 132**: (HG) courtoisie de Wolf; (BG) design: Delisle/Pascucci **page 133**: (HG, HD) design: Jean Stoffer; (BD) design: The Breakfast Room; (BG) constructeur: Access Constructeurs **page 134**: (HG, HD) courtoisie de GE; (BD) courtoisie de Sub-Zero; (BG) courtoisie de Kenmore **page 135**: architect: SD Atelier, A.I.A. **pages 136–137**: (HGC, HDC) design: Kitty McCoy, A.I.A.; (BD) courtoisie de Sub-Zero; (BC) courtoisie de GE; (G) design: Jean Stoffer **page 138**: (HG, DC) design: Jean Stoffer; (BG) design: Courland Design **page 139**: (HG, HD) courtoisie de Sub-Zero; (B) courtoisie de Big Chill **page 140**: (HG) courtoisie de GE; (HD) design: Courland Design; (BG) courtoisie de Jenn-Air **page 142**: (HG) courtoisie de Hearst Magazines; (HD)

design: Ken Kelly; (BD) courtoisie de Fisher & Paykel **pages 142–143**: courtoisie de Fisher & Paykel **page 144**: (H) courtoisie de Maytag; (BD) courtoisie de Whirlpool; (BC, BG) courtoisie de Miele **page 146**: bulder: Access Constructeurs **page 148**: design: Jean Stoffer **page 149**: design: Ken Kelly **page 152**: (HG, HD) courtoisie de Moen; (BG) courtoisie de Blanco **page 153**: (BD) courtoisie de Moen **pages 154–155**: (HC) design: Mojo-Stumer, A.I.A.; (D) design: Ken Kelly; (BC) design: Jean Stoffer; (G) courtoisie de Sonoma **page 156**: courtoisie de Kohler **page 157**: (H) courtoisie de Kohler; (BD, BG) courtoisie de Wilsonart **pages 158–159**: (HC, HD) design: Kitchen Dimensions; (DC) design: Ken Kelly; (BD) courtoisie de Elkay; (BG) design: Kitchen Dimension; (HGC) design: Kitchen Dimensions **page 160**: courtoisie de Kohler **page 161**: (HG) courtoisie de Sonoma; (HD) courtoisie de Wilsonart; (B) courtoisie de Kohler **page 162**: (H) design: Ken Kelly; (B) courtoisie de Delta **page 163**: (H) design: Andy Levtovsky, A.I.A.; (B) courtoisie de Watermark **page 164**: (HG) courtoisie de Moen; (BD) design: Ken Kelly; (BG) constructeur: Bonacio Construction **page 165**: (H) design: Lucianna Samu; (B) courtoisie de Hearst Magazines **page 166**: (HG) courtoisie de MGS; (HD) design: Patrick Falco; (B) courtoisie de Moen **page 167**: (HG) design: Habitech; (HD) courtoisie de Hearst Magazines **page 168**: (HD) constructeur: Access Constructeurs; (BD) design: Jean Stoffer; (G) courtoisie de MGS **page 169**: (H) courtoisie de Moen; (B) design: Lucianna Samu **page 170**: (G) courtoisie de Moen; (HD, DC) design: Ken Kelly; (B) design: Lucianna Samu **page 171**: (BG) courtoisie de Moen; (HD) design: Kitty McCoy, A.I.A. **page 172**: design: Jean Stoffer **pages 174–175**: (H) design: Granite & Marble Works; (BD) design: Kitchen Dimensions; (BDC)

courtoisie de Hearst Magazines; (BGC) painting: InPaint Workshops & Studio; furniture: Choice Seating; (G) design: Eileen Boyd **pages 176–177**: courtoisie de Zodiaq **pages 178–179**: (*TC*) courtoisie de Formica; (D, BD, BG) courtoisie de Corian; (HG) design: Ken Kelly **page 180**: (H, HD) courtoisie de Crossville; (BD, BG) design: Ken Kelly **page 181**: (B) courtoisie de Daltile **pages 182–183**: (HD, BD, BG) design: Ken Kelly; (GC) design: Walker Zanger; (HG) design: Ken Kelly **pages 184–185**: courtoisie de Formica **page 186**: (H) courtoisie de DEX Studios; (B) courtoisie de Sonoma **page 187**: (H) courtoisie de Hearst Magazines; (BG) courtoisie de Sonoma; (BD) **pages 188–189**: (HC) design: Jean Stoffer; (BD) courtoisie de Just Manufacturing; (BC) courtoisie de Hearst Magazines; (HG) design: Sam Scofield, A.I.A. **page 190**: design: Andy Levtovsky, A.I.A. **page 192**: (H) design: Patrick Falco; (B) architect: SD Atelier, A.I.A. **page 193**: design: Eileen Boyd **pages 194–195**: (HD) design: Kitty McCoy, A.I.A.; (BD) design: Len Kurkowski, A.I.A.; (BC) architect: SD Atelier, A.I.A.; (BG) courtoisie de Zodiaq **pages 196–197**: (HG) design: Correia Designs Ltd.; (D) courtoisie de Rejuvenation; (BD) Correia Designs Ltd. **pages 198–199**: (H) design: Ken Kelly; (*bottom row*) design: Jean Stoffer **pages 200–201**: (HG) design: Ken Kelly; (HD) design: Delisle/Pascucci; (BD) design: Andy Levtovsky, A.I.A.; (BG) courtoisie de Hearst Magazines **page 202**: (H) design: Kitchen Dimensions; (B) courtoisie de Hearst Magazines **page 203**: (HG) design: Paula Yedyank; (HD) design: Ken Kelly; (BD) design: Lucianna Samu/Granite & Marble Works **page 204**: (H) design: Lucianna Samu; (B) design: Tom Edwards **page 205**: (HG) design: Ken Kelly; (HD) courtoisie de Hearst Magazines; (BG) design: Rita Grants